本著作研究和出版受到国家社会科学项目《企业集团与下属上市公司之间内部并购和治理机制研究》（13BGL054）和西安工业大学“一流学科培育——工商管理”项目资助。

企业集团与下属上市公司之间内部并购和治理机制研究

陈　健◎著

中国财经出版传媒集团
中国财政经济出版社

图书在版编目（CIP）数据

企业集团与下属上市公司之间内部并购和治理机制研究／陈健著．—北京：中国财政经济出版社，2018.12

ISBN 978－7－5095－8700－3

Ⅰ．①企…　Ⅱ．①陈…　Ⅲ．①上市公司－企业兼并－企业管理－研究－中国　Ⅳ．①F279.246

中国版本图书馆 CIP 数据核字（2018）第 284275 号

责任编辑：高文欣　　责任印制：刘春年
封面设计：卜建辰　　责任校对：杨瑞琦

中国财政经济出版社 出版

URL：http：//www.cfeph.cn

E－mail：cfeph@cfemg.cn

社址：北京市海淀区阜成路甲 28 号　邮政编码：100142

营销中心电话：010－88191537

北京财经印刷厂印装　各地新华书店经销

880×1230 毫米　32 开　7.5 印张　168 000 字

2019 年 3 月第 1 版　2019 年 3 月北京第 1 次印刷

定价：52.00 元

ISBN 978－7－5095－8700－3

（图书出现印装问题，本社负责调换）

本社质量投诉电话：010－88190744

打击盗版举报热线：010－88191661　QQ：2242791300

前　言

内部并购行为作为企业集团内部资源配置及与外部资本市场互动的重要手段，其类型、目的和动机、影响、投资价值评价以及特有的公司治理问题，是企业集团治理和管理中亟待解决的理论和实践问题。本书在国内外研究的基础之上，结合中国企业集团的实际，为上述问题提出相应的理论解释和实证分析支持，并为实务界提出企业集团的公司治理以及与子公司互动发展的建议，推动我国企业集团公司治理水平和管理水平的提高。

1. 企业集团及其公司治理

企业集团在许多国家是一个广泛存在的企业组织形式，其对国民经济的重要性远超过分散持股的公司。在新兴市场中，大型的、多元化经营的企业集团仍然是居于主导地位的企业形式。

我国大型国有企业集团存在特殊的公司治理问题：出资人不到位、内部人控制、大股东至上主义等。随着资本市场发展和民营企业集团的崛起，企业集团与其下属上市公司之间关联交易、内部并购行为大量涌现，这些行为有些对上市公司有支持作用，有些对上市公司小股东利益存在侵占。

企业集团是以一个实力雄厚的企业为核心，以股权关系为主要纽带，通过产品、技术、经营契约等多种方式，把多个企业联结在一起而形成的多层次的法人联合体。企业集团的公司治理问题和模式，与单一企业的公司治理有一些共同之处，但也有很大的差异。企业集团的运作模式，带来了独特的公司治理问题。

国内外的学者们从不同的角度对企业集团公司治理问题进行了研究，包括母子公司治理、金字塔结构与终极控制人、企业集团与上市公司之间的关联交易、系族企业集团及其治理、企业集团的内部资本市场、企业集团网络组织、子公司主导行为等。但由于各国制度背景、治理模式等的差异，以及企业集团治理问题的复杂性，目前还未形成一个系统、完整的理论体系。

2. 企业集团的内部并购行为

企业并购与企业发展的关系越来越密切，大企业的发展过程中几乎都采用过并购的方式。对于并购的研究汗牛充栋，但对并购的研究忽略了一类并购行为——企业集团内部并购行为，即在企业集团内部企业之间的资产、股权的并购行为，包括企业集团内母子公司之间、兄弟公司之间的并购行为等。

作者根据我国上市公司公开数据进行统计，发现在2010～2014年间超过100万元金额的已经实施的内部并购交易共有662起，占全部并购交易数量的8%；涉及金额1740亿元，占全部并购交易金额的5.5%。从现实的案例和理论研究中，作者发现企业集团与下属上市公司的内部并购行为，存在着特殊的并购动机以及业绩影响，并形成了企业集团特殊的公司治理问题。

我国企业集团与上市公司之间存在着大量的并购行为（相互之间收购资产或企业股权），有时还伴随相应的增发和再融资，成为企业集团与附属企业互动发展的重要手段。而国内对于上市公司并购的研究，绝大部分没有区分企业集团内部并购和外部并购，只是将并购数据与企业绩效等做简单分析，实际上扭曲了并购及其绩效的结论。

3. 企业集团内部并购行为的目的和动机

作者借鉴外部并购动机的研究，并结合资本结构理论，分析了企业集团内部并购的目的和动机。提出上市公司内部并购的两个终极目标——掏空和支持。以及在此背景下，上市公司内部并购的股权融资动机。

至于每个具体内部并购事件其背后的真实动机，取决于实际控制人的财务状况，道德水平，以及是追求长远利益，还是短期利益。如果其损害了上市公司的利益，损害了中小股东利益，通过高溢价出售资产给上市公司或其他投资者，就属于掏空行为。如果为了保壳，以合理的价格注入优质资产，或者解决同业竞争等，就属于支持行为。

以实施定向增发的内部并购事件为样本，作者对我国上市公司内部并购的股权融资动机，进行了实证检验。作者发现定向增发作为近几年上市公司的重要融资手段，集团公司往往通过注入资产来改善上市公司的盈利。定向增发的内部并购中注入资产的规模越大，对于未来上市公司的盈利增长越大。说明在我国上市公司的定向增发方式进行的内部并购事件中，实际控制人希望注入更多的盈利资产来改善上市公司的业绩，具有支持效应。

而定向增发中注入资产的增值率越高，其对上市公司业绩的负面影响越大，因此具有掏空效应。此外，实际控制人控制权和现金流权之间的差额越大，两权分离度越大，对股价的累计异常收益（MCAR）的正面影响越大。说明两权分离度越大，定向增发的内部并购公告后的股价反应越好，投资者对增发和内部并购行为保持乐观。

4. 不同控制权结构下内部并购行为对上市公司价值的影响

本书通过对于隶属于企业集团的上市公司在集团内部的并购事件的分析，来看在不同的上市公司控制结构下，其内部并购行为对公司价值指标——托宾Q值的影响。实证分析结果显示，股权集中度对内部并购公告后的公司价值有负向影响。第一大股东持股比例越大，内部并购公告后的公司价值越小，说明大股东更倾向于通过内部并购掏空上市公司，从而损害上市公司的价值。股权制衡度对内部并购公告后的公司价值有负向影响，说明其他大股东可能与第一大股东存在联盟或者未充分履行监督职责。

随着我国上市公司治理制度和水平的提高，实际控制人侵占上市公司利益的情况有了明显下降，实际控制人也有通过内部并购支持上市公司的情况。但在我国上市公司与集团公司的内部并购中，在统计上显示仍有相当数量的实际控制人通过内部并购的方式侵占上市公司的利益。如实际控制人往往通过定向增发的形式以较高的价格，将资产注入上市公司，而借机实现资产的间接上市，高价套现退出。溢价过高的资产注入，损害了上市公司的价值，损害了其他股东和投资者的利益。

5. 不同公司治理结构下的内部并购的绩效影响研究

作者通过对于隶属于企业集团的上市公司在集团内部的并购事件的分析，来看在不同的公司治理情况下，其内部并购行为对公司绩效的影响。实证分析结果显示，独立董事占比与内部并购的绩效之间是负相关的关系，说明独立董事并没有发挥出其保护中小投资者利益和有效监督注入资产盈利能力的作用，独立董事的公司治理作用在很多上市公司的内部并购中无效。

机构投资者作为外部的公司治理力量，其持股比例越高，内部并购实施之后上市公司的盈利能力越好。说明机构投资者的外部治理效果比较显著，在内部并购资产的盈利能力监控上比较有效，机构投资者通过“用手”和“用脚”投票的方式来影响内部并购注入资产的质量和价格。

股权制衡度越大，内部并购实施的绩效越好，说明其他大股东对实际控制人存在一定的制约作用。实际控制人的现金流权越大，内部并购公告的股价表现越好，说明现金流权越大的实际控制人更多的是通过内部并购来支持上市公司的发展。此外，董事会人数和两职合一情况与内部并购后上市公司绩效无关。

6. 基于内部并购的企业集团公司治理建议

根据上述研究，结合国内企业集团公司治理和内部并购的实际情况，作者提出了基于内部并购的企业集团公司治理的一些建议。主要有：加强企业集团下属上市公司的董事会建设，包括：提高独立董事的独立性和作用，提高董事会决策的效率；继续完善累计投票权制度；加强商业银行的外部治理和监督功能；加强媒体的外部监督机制；加强企业集团内部控制制度建设；防范企业集团内部并购的非关联化行为等。

作者建议监管机构和中介机构需要进一步强化对于实际控制人定向增发注入资产的审核，控制其注入的资产溢价；除实际控制人之外的其他大股东、机构投资者、独立董事也需要发挥监督的职责，能够对一些损害投资者利益的内部并购行为在董事会、股东会层面给予制止或修正；同时投资者也应该理性地下调对于高溢价资产注入的投资回报预期。

目　录

1 绪　　论

在本章里，作者在现实背景和理论背景的基础上指出了前人研究中存在的不足，随后提出本书要研究的问题，指出本书研究的理论和现实意义，最后给出了本书的研究思路及结构安排。

1.1 研究背景

企业并购与企业发展的关系越来越密切，大企业的发展过程中几乎都采用过并购的方式。对于并购的研究也是汗牛充栋，但对并购的研究忽略了一类并购行为——内部并购行为，也就是企业集团与其下属公司之间，或者企业集团内部兄弟公司之间的并购行为。从现实的案例和理论研究中，作者发现企业集团与下属上市公司的内部并购行为，存在着特殊的并购动机以及业绩影响，并形成了企业集团特殊的公司治理问题。

1.1.1 现实背景

(1) 企业并购风起云涌，推动产业重组和企业成长

20 世纪 90 年代以来，全球企业并购浪潮不断升级，规模不

断扩大，最大并购金额从80年代的10亿美元，到90年代的百亿美元，到2000年后的千亿美元规模。企业并购的总规模更是惊人地增长，Dealogic的数据显示2015年全球并购交易总额4.9万亿美元，超过了2007年的4.6万亿美元，创历史新高。

伴随世界范围大规模的企业并购和产权重组，的确有不少企业取得了超速发展和骄人业绩。例如，美国的CA公司最初只有4个人的规模，经过70多次兼并，在仅仅24年时间内发展成为全球第二大软件公司。思科公司的历史也是一部名副其实的并购成长史。1993～2015年间，思科并购了超过150家企业，并成为世界最大的网络设备和服务公司。

海尔集团从1988年开始，先后兼并了18家企业，这些企业当时账面上共亏损5.5亿元，后来全部扭亏为盈。2011年和2012年，海尔分别收购了日本三洋白电和新西兰家电品牌斐雪派克。海尔从亏损147万元的小厂，发展成为2015年全球营业额1887亿元的巨型企业。2016年1月15日，海尔全球化进程又开启了历史性的一页——海尔与GE签署战略合作备忘录，计划54亿美元收购整合通用电气家电业务。

中国互联网三大巨头BAT——百度公司（Baidu）、阿里巴巴集团（Alibaba）、腾讯公司（Tencent），也凭借自身雄厚的实力和资本市场的支持，围绕互联网相关产业展开了大规模投资和并购行为，构筑各自的商业版图。

美国芝加哥大学经济学教授，诺贝尔经济学奖获得者George. J. Stigler，在《通向垄断与寡头之路——兼并》一文中指出：“纵观美国著名大企业，几乎没有一家不是以某种方式、在某种程度上应用了兼并、收购而发展起来。”可见并购（M&As）是企业发展过程中一道亮丽的风景，并购带来了产业内的整合、产业链上纵向的整合、混合多元化企业集团的出现，对于企业自身发展、产业格局和经济发展都产生了深远的影响。

（2）我国资本市场和企业集团快速发展

从我国的情况来看，1984 年我国第一家股份公司——北京天桥股份有限公司成立，到目前为止也不过 30 余年的时间；从 1990 年上海证券交易所成立到现在仅仅二十多年的时间，但我国股份公司和证券市场发展非常迅猛。2007 年 4 月 9 日深沪股市股票总市值首度超越香港股市，达到 13.76 万亿元。截至 2016 年 4 月 30 日，沪深股市上市公司家数达到 2862 家，市值总额达到 44.8 万亿元，规模位居全球第二。

借助资本市场的发展，我国的企业集团的发展也非常迅猛，目前全国（大陆地区）已经有重点企业集团 2000 多家，2015 年已经有 106 家企业进入世界 500 强。企业集团往往将其中的核心资产上市，然后围绕这些上市公司形成良性互动的发展。核心的上市公司在资本市场保持良好的形象，为集团获取资本市场的资金提供渠道，核心企业的资产实力的增强同样也可以通过担保、借款等途径为集团整体进行融资支持。因此，上市公司如果附属于集团，其大股东是企业集团，则集团公司（大股东）与上市公司之间会存在各种日常的关联交易，以及内部并购活动，这些交易有历史的原因，有集团的特色，同时也体现了大股东或终极控制人的意志。

（3）我国归属于企业集团的上市公司的并购行为相当普遍

我国上市公司数量和规模虽然发展很快，但在证券市场的监管上还存在很多问题。企业虚假包装上市、大股东通过各种手段侵占上市公司资产、伪造财务数据、市场操纵等问题层出不穷。此外，从我国上市公司的控制权结构来看，股权相当集中，普遍存在“一股独大”的问题（陈健，贾隽，2013）。

2014 年 5 月，国务院发布了《关于进一步促进资本市场健康发展的若干意见》。2014 年 10 月，证监会对上市公司有关重大资产重组、非公开发行的法规进行了修订，一举改变了上市公司的并购模式。取消了上市公司重大资产购买、出售、置换行为审批（构成借壳上市及发行股份收购资产除外）；实施并联式审批，避免互为前置条件；实行上市公司并购重组分类审核等。

2015 年 4 月，证监会对证券期货法律适用意见第 12 号进行修订，进一步放宽了政策限制。这次修订主要集中在两方面：一是扩大募集配套资金比例，明确并购重组中配套资金募集比例可以超过拟购买资产交易价格的 100%；二是明确募集配套资金的用途，可用于支付并购交易的现金对价及交易税费、人员安置费用、并购整合费用等。

修订大大简化了并购重组的流程，提高了效率。同时大大增强了上市公司利用并购重组募集资金，改善企业资金状况，降低整合风险的能力，从而大大推动了上市公司并购重组的数量和规模。

由于我国国有企业在市场经济改革过程中，资金约束日益硬化，普遍存在强烈的股权融资需求（陆正飞，叶康涛，2004；刘林，2006；肖泽忠，邹宏，2008；黄少安，钟卫东，2012；郝以雪，郑勈，2013；倪中新等，2015 等），而很多上市公司是通过与企业集团的内部并购行为，通过增发融资的方式获取资金，扩大上市公司规模或者进行转型升级。

2015 年证监会统计，上市公司并购重组交易 2669 单，交易总金额约 2.2 万亿元。而 2014 年，上市公司并购重组交易约 2200 单，交易总金额约 1.56 万亿元。在这些交易中，2015 年 A

股市场共有656项重大资产重组事件，比2014年增长近4倍，而有24起交易的金额超过100亿元。见表1-1。

表1-1　上市公司内部并购和全部并购数据统计

年份	内部并购数量	内部并购交易金额（亿元）	全部并购数量	全部并购交易金额（亿元）	内部并购数量占比	内部并购交易金额占比
2010	50	37.94	1789	7088.44	2.79%	0.54%
2011	130	245.46	2076	7229.90	6.26%	3.40%
2012	168	593.84	1055	4902.40	15.92%	12.11%
2013	163	588.79	1535	4599.73	10.62%	12.80%
2014	151	274.17	1812	8048.60	8.33%	3.41%
总计	662	1740.20	8267	31869.08	8.01%	5.46%

注：按照当年已完成并购的上市公司数据进行统计（与证监会统计的口径不同，因此数据上会有差异），内部并购只统计了交易金额在100万元以上的内部并购事件。

数据来源：wind数据库。

从我国证券市场的实际情况来看，并购活动相当活跃。根据wind数据库中我国上市公司并购数据的分析，我国2010~2014年间A股上市公司完成的并购事件共8267起，金额共计3.18万亿元；其中交易金额超过100万元的内部并购共662起，金额共计1740亿元；交易金额超过100万元内部并购数量占上市公司总并购数量的8%，金额占比为5.46%，内部并购行为在上市公司并购中相当普遍（由于内部并购统计的是交易金额在100万元以上的数据，所以占比会比实际情况小一些）。

1.1.2　理论背景

企业集团治理问题是公司治理中比较新的课题，在不同的企业集团控制权背景下，企业集团的关联交易和内部并购行为，往往隐含着不同的动机，并产生不同的业绩影响。

（1）企业集团公司治理

随着证券市场的发展，上市公司逐渐成为经济发展的主要力量。上市公司往往涉及不同相关利益者的利益，在不同的股权结构下，会产生不同的治理问题。在 1932 年 Adolph Berle 和 Gardiner Means 发现美国企业的股权分散特征之后一直到 20 世纪 80 年代，基于广泛持股公司的委托代理问题和经理人控制问题一直是公司治理研究的焦点。学者们将企业的所有权结构默认为美国式的分散的股权结构，并在此基础上不断探索，而没有对于股权结构重新进行审视。

直到 20 世纪 70 年代以后，Eisenberg（1976），Demsetz（1983），Demsetz and Lehn（1985），Shleifer and Vishny（1986b），Morck 等（1988）对于这个理论基础进行了重新的研究，从不同国家的实证分析中指出并不是每个国家的企业都与美国的企业一样股权结构分散，即使在英美国家也存在大量的企业股权集中现象。由于理论基础的变化，研究的焦点转向大股东的控制及其影响。

到了 90 年代末，随着新兴市场的发展和研究的深入，La Porta，Lopez - de - Salines，and Shleifer（1999），Claessens 等（2000），Faccio 和 lang（2001）等学者发现新兴市场也普遍存在股权集中的现象，并且伴随着企业集团和终极控制人通过交叉持股、金字塔结构持股等方式控制大量企业的现象。研究的焦点转向企业集团为背景的公司控制问题，Claessens 等（1999），KEE - HONG BAE（2002），Bertrand 等（2002）等发现企业集团下属企业之间的关联交易和并购行为往往体现了终极控制人的意志，对于企业有支持行为（propping），但也存在大量的对于中小股东利益侵占的行为——即“掏空”行为（tunneling）。

（2）不同控制权结构下的控制者对于公司决策的影响

不同的控制权结构下控制者为了自身利益的最大化，产生出不同的目标函数。在分散持股的经理人控制下，经理人的目标是个人效用的最大化，偏离了股东追求的企业利润和价值的最大化（Coase，1937；Jensen and Meckling，1976；Fama and Jensen，1983a，b）。为了达到自身效用的最大化，除了直接侵占企业的资金外（Owen，1991；Zingales，1994），经理们采取各种手段影响公司的决策，从而间接侵占企业的利益（Burrough and Helyar，1990），控制对他们自己有利的投资项目（Baumol，1959；Marris，1964；Williamson，1964；Jensen，1986，etc.），利用壕沟防御保住职位（Shleifer and Vishny，1988）等等。

在股权集中和大股东控制下，其他情况均相同的情况下，当大股东的所有权增长时，他会有更大的动机去提高企业的价值。即这些更高的现金流是与小股东共享的，他们组成了控制的共享收益（Shleifer and Vishny，1986）。大股东也有用他们的投票权来消费公司的资源或享受公司的利益的动机，而这些并不与小股东分享，即享有控制权的私人收益（Barclay and Holderness，1989）。

新兴市场国家中的企业集团是不完善的资本、劳动力市场和产品市场的替代物，因而有着独立企业所没有的竞争优势（Ghemawat and Khanna，1998；Granovetter，1994；Guill'en，2000；Khanna and Palepu，1997，1999）。控制股东有强烈的从控制的企业中获取资源以增加他们的财富的动机，“掏空”行为可以采取很多形式（Johnson et al.，2000），例如，直接的盗窃或欺骗，或是通过关联（下属）企业之间的并购将资源转移出收购公司或被收购公司。

(3) 不同控制权结构对于企业绩效和价值的影响

不同的控制权结构下控制者为了自身利益的最大化，通过影响企业决策，最终影响到企业的绩效和价值。在分散持股的经理人控制下，经理人通过直接侵占和间接侵占手段，获取私人利益，使得委托人的福利受到了损失，导致大量的代理成本，降低了企业的价值。

股权集中会导致大股东控制，大股东的存在会强化对于经理人的监督，提高控制权的共享收益，全体股东都会受益，而大股东承担监督的成本；另一方面，大股东可能会为了控制权私人收益而损害小股东的利益。因而，大股东的存在对于企业的价值和绩效的影响是把“双刃剑” (Jensen and Meckling, 1976)。

多个大股东的存在会对控制股东产生一定的监督和制衡作用 (Winton, 1993; Pagano and Röell, 1998; Bolton and Von Thadden, 1998)，会对企业的价值和绩效产生积极的影响。多个大股东并存，也可能会形成控制联盟以分享私人收益 (Zwiebel, 1995; Pagano and Röell, 1998; Bennedsen and Wolfenzon, 2000)。

在新兴市场国家，企业集团的最终控制人可以通过金字塔结构、交叉持股、类别股份等手段创造出公司的现金流权和控制权的分离。控制性股东在部分集团下属企业中拥有较高的现金流权，而在另一些下属企业中拥有较低的现金流权。这种差异产生了“掏空”的动机，控制性股东倾向于将利润从现金流权比较低的企业转移到现金流权比较高的企业，从而影响下属企业的价值和中小股东的利益。转移过程可以通过多种方式实现，比如故意压低或抬高企业间拆借的利息率，操纵关联交易的价格，以及将资产高于市场价格（或低于市场价格）在企业间进行买卖等等（La Porta 等，2000；Friedman and Johnson，2003；Chang，2003）。

（4）并购动机及其绩效影响

前人对于并购的动机研究，主要是针对非内部并购行为，对并购动机的解释主要有以下一些理论：获取协同效应、获取市场势力（Scott，1982；Rhoades，1983；Jensen，1984）、价值低估（Steiner，1975；Holderness and Sheehan，1985；Ravenscraft and Scherer，1987）、经理主义（Baumol，1959；Marris，1964；Williamson，1964）、过程理论（Simon，1957）、袭击者理论（Holderness and Sheehan，1985）、动荡理论（Gort，1969）、交易成本理论（Williamson，1975）等。

陈健、席酉民、郭菊娥（2005）在对前人关于企业并购绩效研究的综述中发现，企业并购绩效研究是并购研究中一个重要的领域，主要包括三个方面的研究：一是并购活动对并购后企业绩效的影响；二是并购特征与并购后企业绩效的关系（其中研究的并购特征包括：并购双方企业的相关性，战略适应性，多元化，并购经验，并购时期等）；三是并购后整合、管理与并购后企业绩效的关系。

前人对于并购的动机和绩效的研究绝大部分针对的是企业对外的非内部并购行为，只有极少数学者是专门研究企业集团内部的资产收购和转移的。但是，现实中企业的并购中存在大量的内部并购行为。而学者在研究的过程中，其企业并购的数据往往来自于现有的专业数据库，而这些并购数据中往往没有区分内部并购和非内部并购。因此，有些学者在研究的过程中就可能会将内部并购和非内部并购放在一起进行研究，对于其动机和绩效的研究可能会出现偏差。

1.2 问题的提出

1.2.1 前人研究中存在的不足

（1）缺少对控制权结构研究的系统整合

前人对于控制权结构及其影响的研究都是单独从某一种控制权类型入手，然后分别对于控制人的目标与委托人或其他股东的差异，以及由此产生的动机和行为进行分析，并分析了这些行为对于企业绩效和价值的影响。但是没有对于控制权结构的系统整合的分析和归类，也没有将控制权结构对于企业的绩效和价值影响的手段和机理贯穿起来进行研究，使人们缺乏对于企业控制权类型及其影响的整体认识。

（2）缺少对于企业集团及其公司治理研究的系统梳理

企业集团及其公司治理的研究都比较分散，企业集团的定义、特征、类型、治理模式等各国差异比较大。不同的学者站在不同的角度进行分析和解释，比如基于金字塔结构的掏空行为、企业集团与下属企业的关联交易、企业集团的内部资本市场、企业集团网络组织、子公司主导行为等，但缺乏对于企业集团及其公司治理的系统梳理。

(3) 忽略了对于内部并购行为的研究

从理论研究上，作者可以看到学术界对于内部并购的关注并不多，国内外还没有对于内部并购行为的系统的研究。许多关于并购的研究由于没有区分内部并购和非内部并购的数据，将内部并购与一般的非内部并购行为混同起来，导致对于并购的动机及其绩效影响的研究产生了偏差，而且没有真正反映内部并购的实质，缺乏对于内部并购这一在我国和一些新兴市场国家普遍存在的行为的研究。个别学者虽然也研究了内部并购行为，但主要是将内部并购行为作为“掏空”行为的证据（Chang，2003）。但是，在我国以及其他一些新兴市场国家的企业集团的终极控制人或大股东也存在支持下属上市公司发展的行为。因此，前人研究缺乏对于内部并购动机及其绩效影响的分析，尤其是对于我国这一特殊的新兴市场国家中的上市公司内部并购行为的动机和绩效的分析是不充分的。

(4) 缺乏不同控制权结构、公司治理结构与内部并购行为的关系的研究

不同的国家由于历史、文化、法律、经济发展等各个方面的原因，上市公司有着不同的股权结构、控制权结构和公司治理结构，有着不同的证券市场监管的外部环境。Berle 和 Means 提出的分散股权与经理人控制的问题，并不代表所有的企业，越来越多的研究发现各国的上市公司都普遍地存在大股东，大股东对于上市公司的治理有着重要的影响（Shleifer and Vishny，1986b；Franks and Mayer，1994；Kaplan and Minton，1994；Kang and Shivdasani，1995；Denis and Serrano，1996）。大股东对于上

市公司的监管作用，对重大决策的影响，以及大股东（或终极控制人）的支持和“掏空”行为，都是影响上市公司行为的重要原因。大股东往往通过与上市公司的关联交易对上市公司进行支持或“掏空”。因此，企业的控制权结构与内部并购行为之间存在着一定的联系，而前人的研究并没有说明这种关系和背后的机理。

作者认为产生这些不足有以下两点主要原因：

第一，前人对于控制权和企业集团公司治理的研究往往是在某一种特定的所有权背景和假定之下的研究（如股权分散或股权集中），在此背景和假定之下指出特定的控制权类型下控制者的动机及影响。这些研究推进并完善了控制权研究。但是，要系统地整合控制权和企业集团公司治理的研究，需要一个逻辑或事件将其贯穿起来，而前人缺乏这种贯穿的逻辑和事件。而本书是围绕着内部并购这一决策事件，通过控制权结构和公司治理结构——目标函数和动机——决策——绩效的研究逻辑，将前人的控制权和对于企业集团的公司治理研究贯穿起来，并分析不同控制权结构和公司治理结构下对内部并购决策的影响。

第二，前人缺乏对于内部并购的研究，主要原因可能是一方面以英美为首的发达国家的学者主导着控制权和并购的研究很长时间，而这些国家主要是以分散股权为主，因此对于大股东控制、集团公司控制下的内部并购行为几乎没有研究，而主要是研究非内部并购行为。直到 20 世纪 80 年代末开始，股权集中的证据在许多国家被证实以后，一些学者才开始研究这些国家中的股权集中和企业集团下的内部并购行为，但也非常有限，仅有的一些研究也主要是分析终极控制人的“掏空”行为。一方面由于理论的缺乏，另一方面由于满足研究条件的国家和数据的限制，许多国家的学者不具备研究此问题的条件（即需要多种控制权结构的上市公司，和显著的内部并购行为和影响并存），从而导致控制权与内部并购关系的研究非常滞后。而在我国的现实中上市公司的内部并购行为比较盛行，同时也具备股权集中、集团控制等特征，也就为研究这一问题提供了很好的条件，同时这一研究也很有现实意义和理论意义。

因此，对于我国上市公司的内部并购行为进行研究，在理论和实践上均有重要价值。

1.2.2 本书研究问题的提出

根据上述的现实和理论背景的分析，结合前人研究的不足，作者提出本书要研究的三个主要问题：

首先，上市公司的控制权与内部并购之间存在着密切的联系，那么在中国这个新兴的、资本市场独具特色的社会主义市场经济国家中，控制权结构、公司治理结构与内部并购之间到底存在什么样的关系？

其次，内部并购和非内部并购的动机存在着显著的区别，其绩效影响可能也不同，但是很多学者在研究的时候并没有区分两种类型的并购，而是放在一起进行研究，其结果可能会掩盖内部并购的真实动机和影响。那么内部并购的真实动机是什么？是控制股东转移资产、调节盈余、获取控制权收益的重要手段，还是支持上市公司发展的手段呢？

最后，内部并购对于上市公司的绩效和价值到底有什么影响？是增强了企业的盈利能力，促进了绩效的增长，还是损害了企业的盈利能力，使企业的绩效下降？

1.3 研究的内容

本书的研究内容共分为九章。

第 1 章，绪论。首先，在现实和理论背景的支持下，提出我国上市公司内部并购行为的普遍性和研究的重要性，并提出要研究的科学问题。其次，概括了本书的研究内容、研究思路与结构以及研究意义。

第 2 章，企业集团的界定、发展及特征。对于社会学、经济学方面的定义，以及日本、欧美、中国等国对于企业集团的界定进行了总结。报告总结了英美、日本、新兴市场和中国企业集团形成、发展以及现状，以及企业集团的组织结构。

第 3 章，企业集团内部并购的界定及其发展。首先，报告对于企业并购的定义和类型，以及企业并购的发展和趋势进行了总结。通过对于我国企业集团和关联交易的探讨，提出本书所要研究的内部并购的概念。根据作者对于我国上市公司内部并购数据的整理和分析，提出了内部并购的四种主要类型、内部并购的主要支付方式、内部并购与关联交易、内部并购与外部并购的区别，并明确了本书所要研究的内部并购的具体范围。

第 4 章，企业集团公司治理研究。报告根据前人的研究，对于企业集团公司治理的研究进行了综述。其中，包括企业集团治理和母子公司治理，企业集团与上市公司之间关联交易；系族企业集团及其治理问题、企业集团的内部资本市场、企业集团网络组织、子公司主导行为等。

第 5 章，企业集团内部并购的目的和动机研究。首先分析了企业外部并购的动机。然后提出企业集团内部并购的动机，在

"掏空"和支持的终极目标下，提出国内上市公司的股权融资偏好动机。结合目前定向增发中普遍存在的资产高估值、业绩承诺不兑现的情况，对定向增发的内部并购事件数据进行了实证分析，引入累计异常收益指标，并证明了股权融资偏好，以及其不同情况下的掏空和支持动机。

第 6 章，不同控制权结构下内部并购对托宾 Q 值的影响。通过隶属于企业集团的上市公司在集团内部的并购事件，分析在不同的上市公司控制结构下，这些内部并购行为对公司价值指标——托宾 Q 值的影响。

第 7 章，不同公司治理结构下的内部并购的绩效影响研究。本章涉及的具体的公司治理结构包括董事会规模、董事会中独立董事占比、两职合一情况、机构投资者持股比例等。通过对于隶属于企业集团的上市公司在集团内部的并购事件的分析，来看在不同的公司治理情况下，其内部并购行为对公司绩效的影响。

第 8 章为基于内部并购的企业集团公司治理建议。

第 9 章为结论。

1.4 研究的意义

本书以中国上市公司的数据作为基础，结合前人对于控制权结构、企业集团治理、集团下属企业之间关联交易的研究，以"掏空"和支持行为作为切入点，聚焦于上市公司的内部并购行为。报告：一是分析了企业集团与上市公司内部并购的动机，并对定向增发内部并购的股权融资偏好动机进行了实证分析；二是分析了不同控制权结构下内部并购对公司价值——托宾 Q 值的影响；三是分析了不同公司治理结构下，董事会规模、独立董事占比、两职合一、机构投资者持股比例等与内部并购后上市公司的绩效之间的关系。

本书明确地界定了内部并购行为，对于我国上市公司的内部并购行为进行了详细的分类，并对内部并购与非内部并购、内部并购与其他关联交易做了明确的区分和比较，用理论和实证分析阐述了内部并购的动机和绩效影响。报告是专门针对内部并购行为的系统而完整的研究，为内部并购的后续研究奠定了一定的基础。

本书以中国上市公司为基础，分析了在中国特殊的环境下上市公司控制权、公司治理结构与内部并购绩效之间的关系。阐明了不同控制权结构与内部并购后公司价值之间关系的机理，并通过实证数据进行了证明。为后续研究控制权与决策行为之间的关系，理解内部并购产生的机理提供了理论支持。

本书结合前人的研究和我国的现实情况，以“掏空”和支持行为作为切入点，提出并证明了我国上市公司定向增发内部并购行为的股权融资偏好动机。通过对于内部并购绩效的分析，进一步验证了内部并购的动机及其影响。填补了内部并购行为动机和绩效影响研究的空白。

本书的研究结论对于后续有关上市公司治理、集团公司内部资源调整来实现协同效应，解决股东之间的利益冲突和公司控制权收益等问题的研究也有借鉴意义。

本书研究结论的现实意义在于：可以为有关部门规范上市公司内部并购行为、保护中小投资者的利益、集团公司合法调整内部资源实现集团公司与上市公司的互动发展和集团利益最大化等提供参考。

1.5 研究思路及结构安排

本书的研究思路和结构如图 1－1 所示。根据前人研究和理论分析，界定内部并购的研究范围，在此基础上通过整理上市公司的公告数据，分离出内部并购事件的研究数据库。在自建数据库的基础上分析内部并购的类型、动机和特点，找出相应的上市公司，以及其背后的企业集团。结合上市公司的控制权结构、公司治理水平和财务状况等指标，对内部并购的绩效影响和投资价值分析，设定模型和假设，并通过数量和案例分析进行验证。最后提出企业集团内部并购治理机制和互动发展管理建议。见图 1－1。

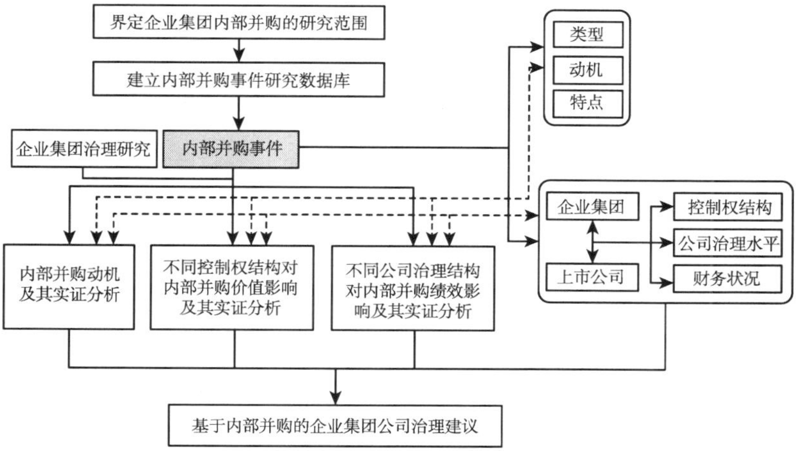

图 1－1　本书研究结构安排

2　企业集团的界定、发展及特征

2.1　企业集团的概念界定

资本市场的蓬勃发展推动了公司的快速成长，无论是在发达国家还是新兴市场国家，企业集团都已经成为一种占据主导地位的企业组织形式。企业集团在不同的国家有不同的名称和定义，例如美国的控股公司（holding company）和大型联合企业（conglomerate）、欧洲的辛迪加（syndicate），日本的企业联盟（keiretsu），韩国的财团企业（chaebol）和印度的商行（business houses）等。

企业集团或集团公司是一个由母公司和众多子公司组成，这些公司群体有一个共同的控制源，其运行像一个单一的经济实体。集团的概念在税法、会计和公司法（不太经常）中经常使用，界定集团中一个成员相对于另一个成员或全部成员的权利和义务。如果公司是从事完全不同的业务，该集团被称为大型联合企业（conglomerate）。

2.1.1　社会学和经济学的定义

企业集团的定义主要分成两种：一个是基于社会学，展现了企业之间的多重关系的广泛的企业集团的定义；另一个是基于经济学，用不相关多元化来定义关系的狭窄的企业集团定义。

(1) 基于社会学的定义

基于社会学的企业集团定义相当广泛，涉及企业集团中联系企业的多种关系。例如，Leff（1978）将企业集团定义为在共同管理或财务控制之下的在不同市场上经营的一群企业，以及通过基于相似的个人、种族或商业背景的人际信任的关系连接。

Encarnation（1989）在他对于印度企业的分析中，讨论了企业仓库（business houses）的概念，关注集团成员间的多重关系。他认为在每个企业仓库中，强烈的家族、阶层（caste）、宗教、语言、种族和地区联系促使附属企业间产生财务和组织的联系。

Granovetter（1994）回顾了以前对于企业集团的研究，提出企业集团是以某些正式和/或非正式的方式连接在一起的企业集合。

Yiu，Bruton 和 Lu（2005）将企业集团定义为：通过经济（如所有权、财务和商业上）和社会（如家族、血缘和朋友）关系连接在一起的法律上独立的企业的集合。

尽管这些定义开拓了丰富的研究，但他们也面临着经常无法明确将企业集团和其他企业网络类型区分开来的挑战。所有的企业与其他企业之间都有多种经济和社会关系，正式和非正式的关系。这些关系是从事经营和企业网络的正常的结果。但不是所有的企业网络都是企业集团。

(2) 基于经济学的定义

基于经济学的企业集团的定义通常很窄。他们将多元化作为企业集团的特点，提供了一个与其他企业网络的明确的区别。此外，许多基于经济学的定义也将家族所有权作为第二个区分的特征。

Ghemawat 和 Khanna（1998）将企业集团定义为：是一种组织形式，其特征是通过多元化进入广泛的业务领域，企业之间有部分财务联系，在许多情况下是家族控制。

Chang 和 Hong（2002）将企业集团定义为：在唯一的共同的管理和控制下的正式独立企业的集合，通常由某个家族所有和控制。Fisman 和 Khanna（2004）将企业集团定义为：有多个业务组合，经常由一个家族发起，通过交叉股权联系在一起，有共同的董事会成员。

但是尽管大多数分析企业集团的经济学家认为不相关多元化、共同的控制是企业集团的概念特征，但在将家族所有权作为一个概念特征时观点并不一致。例如，Almeida 和 Wolfenzon（2005）将家族作为一个企业集团与其他多元化企业的区别。此外，有在不相关行业的企业群体，有共同的所有权和控制，但不是家族所有，也被多次作为企业集团讨论，如日本的 keiretsus（如，Hoshi & Kashyap，2001），以银行为核心的集团（Cuervo－Cazurra，1997，2006），或国家所有的集团（Keister，2004）。

2.1.2 日本企业集团的概念

各个国家的企业集团名称不同，其概念也不尽相同。日本是最早使用“企业集团”概念的国家（见表2－1），日本的经济辞典中《经营学大辞典》《有斐阁经济辞典》《经济词典》《现代日本经济事典》《M1T 日本经济百科全书》有对于企业集团的定义，而日本学者山田一郎（1971）、今井贤一（1976）、坂本恒夫（1998）等也曾界定过“企业集团”的概念。

表 2－1 日本企业集团的概念

经济辞典	界　定
现代日本经济事典	企业集团不是简单的企业聚合，而是特殊形式的大企业结合形态
经济词典	多数企业相互保持独立性、并相互持股，在融资关系、人员派遣、原材料供应、产品销售、制造技术等方面建立紧密关系而协调行动的企业集体
MIT 日本经济百科全书	把企业系列和企业集团作为相同的或者几乎相同的概念来看待

2.1.3 美国企业集团的概念

美国没有提出过明确的“企业集团”定义，但是卡特尔（Cartel）、辛迪加（Syndicate）、托拉斯（Trust）和康采恩（Konzern）等垄断组织以及各种利益集团，一直发挥着类似企业集团的功能（见表 2－2）。

表 2－2 美国企业集团的概念

垄断组织	界　定
卡特尔（cartel）	又称为垄断利益集团、垄断联盟、企业联合、同业联盟。是指生产或销售某一同类商品的企业，为垄断市场，获取高额利润，通过在商品价格、产量和销售等方面订立协定而形成的同盟。参加的企业在生产上、商业上和法律上仍然保持独立性
辛迪加（Syndicate）	是指由同一生产部门的少数大企业，通过签订统一销售商品和采购原料的协定以获取垄断利润而建立的垄断组织
托拉斯（Trust）	由许多生产同类商品的企业或产品有密切关系的企业合并组成。旨在垄断销售市场、争夺原料产地和投资范围，加强竞争力量，以获取高额垄断利润。参加的企业在生产上、商业上和法律上都丧失独立性

续表

垄断组织	界　定
康采恩（Konzern）	是指由不同经济部门的许多企业联合组成。包括工业企业、贸易公司、银行、运输公司和保险公司等。旨在垄断销售市场、争夺原料产地和投资场所，以获取高额垄断利润

Leff（1978）认为企业集团是多个经营不同业务，并受同一主体的管理或者财务控制的公司组合，集团成员之间是通过人际信任建立的联系，而相互之间的信任主要基于相似的性格、种族或者商业背景等。这一定义给出了企业集团的一个基本特征，即强调同一主体。

Granovetter（1994）认为企业集团是企业联合体，通过正式或非正式的联系（法律上和社会上），同时进入几个市场运作。

Khanna 和 Rivkin（2001）认为企业集团是多个具有独立法人地位的公司，通过一系列正式或者非正式的契约连接在一起，实施具有协同效应的活动而形成的组织。企业集团为一个企业族群，其中的成员企业具有独立法人地位，并通过正式或非正式的纽带形成一体，通常通过协调彼此之间的关系采取一致行为。这一定义开始强调集团成员公司是具有独立法人地位的，并依靠一定的契约连接在一起。

Claessens et al.（2006）进一步将企业集团界定为多个具有独立法人地位的公司通过金字塔形持股或者交叉持股而连接到一起的公司组织，强调了集团成员之间是通过股权和资本纽带而相互联系。

2.1.4 我国企业集团的概念

在我国，企业集团被官方界定为“以资本为主要联结纽带的母子公司为主体，以集团章程为共同行为规范的母公司、子公司、参股公司及其他成员企业或机构共同组成的具有一定规模的企业法人联合体，但它不具备企业法人资格”①。

企业集团是一个多级法人联合体，是在追求更大经济利益的导向下，按照一定层次结构和一定方式，由许多相关企业结合起来的；企业集团通常是由母公司为核心企业，并组合旗下分公司、子公司和孙公司及其他相关企业组成，子公司或孙公司等为紧密层企业，其他一些企业作为松散层企业而存在。企业集团本身并不是企业法人，而是一种介于市场和组织之间的中间形态。

企业集团将各子公司与母公司的总体战略目标协同一致起来，并有效利用能够组织、统筹、协调旗下各子公司运作的优势。

国内学者对企业集团从不同角度进行定义，包括：伍柏麟和俞忠英（1988），周振国（1997），席酉民（2003）等。席酉民（2003）认为企业集团是一些具有相对独立性的企业，为了适应市场经营环境和企业内部组织的变化，按照特定要求和借助某些机制相互结合而组成的企业有机联合体。

曲晓辉、傅元略（2007）提出了资本或产权联结性、层级组织性、非法人性和组织规模性等企业集团的四大基本特征。

国内外对于企业集团的界定，由于目的、范围、角度不同，其定义也存在着一定的差异。但是这些概念界定中的共同点是，把“企业集团”看成一种企业群体的社会经济组织形式，来作为应对市场与内部组织失灵的制度创造。

本书综合以上概念和观点，将企业集团定义为：以一个实

① 国家工商行政管理总局颁布的《企业集团登记管理暂行规定》。

力雄厚的企业为核心，以股权关系为主要纽带，通过产品、技术、经营契约等多种方式，把多个企业联结在一起而形成的多层次的法人联合体。

2.2 各国企业集团的发展现状

2.2.1 美国企业集团的形成和发展

美国早期的企业集团形成于20世纪初到中期，是金融资本和工业资本融合而成的金融资本集团，通常被称为财团，如摩根财团、洛克菲勒财团、杜邦财团等。

总体而言，美国企业集团并购经历了“横向并购—纵向并购—混合并购—杠杠收购—跨国并购”的发展路径。

美国在20世纪90年代开始出现了大型企业集团间的强强联合，主要涉及飞机制造、银行、石油、互联网、医药、电信等行业，例如波音并购麦道，MCI世界电信收购斯普林特电信，美国在线AOL并购时代华纳等都是500亿美元以上的并购案例①。为了扩展全球市场、降低成本和获取最大利润，一些美国大型企业通过跨国并购的方式进行全球化布局，形成大型跨国企业集团。2013年全球财富500强排名中，美国的跨国企业集团有132家，居各国之首。

2.2.2 日本企业集团的形成和发展

从日本的企业集团发展历史来看，日本的企业集团可以分

① 数据来源于中国企业在线购并网。

为三类：（1）由旧财阀企业群组成的财阀系企业集团；（2）第二次世界大战后由财阀重组形成的“银行系企业集团”；（3）不以银行贷款为资本核心的“独立系企业集团”（孙执中，2006）。

明治维新后，基于政府的置产兴业政策，原有的日本旧财阀发展成为旧财阀系企业集团，并控制了日本的经济。第二次世界大战之后，美国占领日本，联合国军总司令部（GHQ）是当时日本的最高权力机关。日本在1945年开始了对旧财阀进行强制的拆分，主要的财阀（包括四大财阀在内）被宣布解散，分散成了许多较小的会社。1951年后，日本被美国军事占领的状况结束，放宽了对财阀重新结合的约束，日本旧财阀之间重新开始联合，以期望得到经济和金融上的互相扶持。

第二次世界大战之后，日本经济低迷，日本企业的自有资金严重不足，证券市场不够发达，企业通过自身发展壮大很困难。此时，日本政府开始采用宽松的金融管制刺激企业发展，银行信贷变成企业重要的融资渠道。很多企业集团都存在主银行，银行系企业集团逐步形成。

随着日本资本市场中直接融资的发展，出现了“独立系企业集团”，这些企业集团的资金来源并不主要依靠银行贷款，如松下、丰田等在技术和生产等方面都比较先进，市场反应灵敏，经营效率较高。1965～1975年间，由于石油危机的影响，日本的三菱、住友、三井等六大财团的经常利润下降了75%，而独立系企业集团的利润则上升了两倍。

20世纪90年代经济泡沫破灭，国外银行大量进入日本，日本的主银行制度遭受很大打击，金融机构自身开始重组，企业集团来自金融机构的资金支持降低，金融机构对企业的持股比例下降。日本金融机构对企业的持股比例从1989年的46%降至2006年的25%，企业集团内部企业之间，企业集团相互之间的交叉持股比例同时下降。

日本银行与企业深度结合的传统企业集团模式被逐步打破，日本企业集团正在转型，向着新型企业集团模式转变。

2.2.3 新兴市场国家企业集团的形成和发展

Khanna 和 Yafeh（2007）研究了新兴市场国家的企业集团。他们发现多元化企业集团在新兴市场国家（如智利、韩国、印度、印度尼西亚、巴西、墨西哥、中国、巴基斯坦、泰国等）非常普遍，甚至在意大利、瑞典等发达国家也比较普遍。这些企业集团往往是由多个（常常是不相关的）行业内的有独立法人资格的企业组成，以股权和家族纽带连结在一起。

世界各地的企业集团的外部投资者参与程度不同。从国内的集团成员企业占比来看，智利为 20%，而印度尼西亚可以达到 67%。在新兴市场国家，企业集团规模都比较大，对经济起到举足轻重的影响。

各国企业集团的形式差别较大（见表 2－3）：从主业集中度看，有高度集中的，也有业务多元化的；有些属于纵向一体化，内部交易较多；有些与银行和金融服务关联密切，等等。

表 2－3　世界各地企业集团的差异性

国家	集团多元化	集团纵向一体化	集团中金融资产占比
巴西	1.4	0.04	—
智利	5.1	0.06	0.24
印度	4.2	0.04	0.05
印度尼西亚	2.1	0.04	0.45
韩国	1.7	0.04	—
墨西哥	2.7	0.02	0.05

续表

国家	集团多元化	集团纵向一体化	集团中金融资产占比
菲律宾	3.1	0.08	0.60
中国台湾	1.6	0.02	0.01
泰国	3.5	0.04	0.35

注：企业集团多元化以集团所跨行业数来衡量（以两位数的 ISIC 行业分类来看，每个集团跨了几个行业）；集团纵向一体化以集团内所有企业组际间的平均投入——产出系数来衡量；介入金融业的程度以集团中金融资产所占比重来衡量。数据和样本及变量定义等更多信息，可参阅 Khanna 和 Yafeh（2005）。

新兴市场国家企业集团的多样性，提供了多元化、纵向一体化以及与金融服务业关联程度的数据。如智利的企业集团多元化程度要比韩国的企业集团高很多，韩国企业集团在多元化程度方面又超过了中国台湾。而菲律宾企业集团的纵向一体化程度比印度要高。

从集团结构到所有权和控制权来看，新兴市场国家的企业集团有通过金字塔结构实施纵向控制的，也有通过交叉持股实施横向联合的。有些企业集团家族参与比较多，有些企业集团与政府关系密切等等，各不相同。

2.2.4 我国企业集团的形成和发展

我国由于特殊的发展历史，企业集团分为国有企业集团和民营企业集团。国有企业集团又分为两种类型：中央企业集团（简称央企）和地方国有企业集团。民营企业集团是在改革开放后逐步发展起来的。

我国企业集团的产生与改革开放同步，在经济生活中不过30 年的历史，是我国工业经济和改革的结果。企业集团作为一种新的经济组织形式，在政府行为和市场作用的作用下，经历了如下三个阶段改革前的企业组织企业集团的萌芽、企业集团的产生阶段（20 世纪 80 ~ 90 年代初）、企业集团的发展阶段（20 世纪 90 年代至今）。

萌芽阶段：改革前的企业组织

改革开放是我国企业转型的里程碑。改革开放前，我国的企业形式以单一的生产工厂的形式存在，企业生产和经营由计划统筹，由各个层级的政府控制，属于政府行为的经济后果，企业没有自主经营的权利，没有扩张和形成经济联合体的权利。改革开放伊始，企业组织领域发生了深刻变化，改善企业效率和业绩的市场化工业改革成为经济改革的主要方向。全新的企业组织出现，形式开始多元化，国有企业、集体企业、合资企业、乡镇企业、民营企业不断涌现，这些企业是企业集团的最初成员。改革开放前的部委管理体制成为企业集团的迅速组建的保障条件，也是国有企业集团的前身。

产生阶段：企业集团的形成

我国的企业集团是在十一届三中全会以后在横向经济联合的基础上产生并逐渐发展起来的（唐文雄、吴广谋和盛昭翰，2000）。改革开放初期，组织企业性公司拉开我国工业生产联合化的序幕。1980 年 7 月，国务院颁布了《关于推动经济联合的暂行规定》，制定了“发挥优势、保护竞争、推动联合”，在全国各地按照专业化协作和经济合理的原则，根据工业改组和调整工业格局的要求出发，组建了一批工业型生产联合公司、总厂和联合组织。1984 年，中央做出了《关于经济体制改革的决定》，明确肯定了我国的社会主义经济是公有制基础上的有计划商品经济。

1986 年国务院发布了《关于进一步推动横向经济联合若干问题的规定》（简称《规定》），这成为我国企业集团产生的“分水岭”（姚俊等，2006）。《规定》出台前，企业集团的组建是“摸着石头过河”，无论是政府官方还是企业实践都无先例，也无具体的思路和概念，纯粹由企业在摸索中实践中探索，然后由政府规范。实践先行，规范在后。而政府在《规定》中明确指出“通过企业之间的横向经济联合，逐步形成新型的经济联合组织，发展一批企业群体或企业集团。”这是政府首次对企业集团有了概念性的认识，认为企业集团是一种“新型的经济联合组织”。此后，国务院、财政部、中国人民银行陆续颁布了关于企业集团发展的重要规定和政策。1987 年，国务院先后发布了《关于大型工业联合企业在国家计划中实行单列的暂行规定》和《关于组建和发展企业集团的几点意见》，其中《关于组建和发展企业集团的几点意见》对企业集团的含义、组建企业集团的原则以及企业集团的内部管理等问题第一次做出了明确规定。这些方针政策一方面促进了各种生产、销售、科技等的横向联合，另一方面也反映了企业要求联合的呼声。这些政策有力地推动了企业集团的成立，掀起了企业集团组织高潮（唐文雄等，2000；姚俊等，2006）。

发展阶段：企业集团发展的鼎盛时期

第十四届三中全会的有关决议中明确要发展企业集团，企业集团的试点工作自 1995 年被列入国务院的四大试点工作之一。这标志着在建设社会主义市场经济的目标模式中，我国的企业集团建设步入了法制化、规范化的良性发展阶段（唐文雄等，2000）。

这阶段推出了一些对我国企业集团的发展起到至关重要作用的政策和措施，包括《关于选择一批大型企业集团进行试点的请示》（71 号文件）、《试点企业集团审批办法》《乡镇企业组建和发展企业集团暂行办法》和《关于试点企业集团登记管理实施办法（试行）》等。这些政策包括支持试点企业集团的发展；增强对大型企业集团的金融支持；鼓励企业集团进行资产重组等（银温泉，1999）。

国家选取了56家企业集团进行试点，并享受计划单列等优惠政策。在国家示范带头作用下，我国企业集团快速发展，带动了经济结构的调整和发展（姚俊等，2006）。

1993年党的十四届三中全会召开，通过了《关于建立社会主义市场经济体制若干问题的决定》，明确提出建立社会主义市场经济制度。在决定中指出“要发展一批以公有制为主体，以产权联结为主要纽带的跨地区、跨行业的大型企业集团，发挥其在促进结构调整，提高规模效益，加快新技术、新产品开发，增强国际竞争力等方面的作用”。

1994年五大宏观体制改革（财税、金融、投资、外汇和外贸），《公司法》正式生效，企业集团的经营管理和内部成员企业的相互关系有了基本的行为准则，规范了企业集团的经营管理行为。

从1995年起开始实施“抓大放小”战略，国有企业作为改革的重点，企业集团试点成为一项重要工作，从政策上着重扶持大型企业集团。国务院于1997年4月结合《关于深化大型企业集团试点工作意见的通知》，要求进一步深化大型企业集团的试点工作，以求达到“建立以资本为主要纽带母子公司体制”的目标，并启动第二批国家试点企业集团的组建。

截至2008年底，我国国内企业集团共计2971家，拥有成员企业33135家，年末资产总计突破40万亿元，实现营业收入271871亿元[①]。在美国《财富》杂志公布的2015年度世界500强企业排行榜中，中国企业（包括港台企业）有106家上榜，

① 中国信息报：《中国企业集团经营规模进一步扩大》，2009年8月19日。

其中中国大陆企业有 96 家上榜，总的营业收入达到 6 万亿美元。见表 2－4。

2015 年《财富》杂志公布的中国 500 强企业，营业收入合计达到 30 万亿元人民币，较 2014 年增长 5%；利润达到 2.7 万亿元，增长 6%。这些企业大都以企业集团的形式存在，其中有 55 家企业的收入超过 1000 亿元（见表 2－4）。

表 2－4　　2015 年中国国内《财富》500 强企业排名（前十名）　　单位：亿元人民币

排名	公司名称	营业收入	利润
1	中国石油化工股份有限公司	28259	474
2	中国石油天然气股份有限公司	22830	1072
3	中国建筑股份有限公司	8000	226
4	中国工商银行股份有限公司	6589	2758
5	中国移动有限公司	6414	1093
6	上海汽车集团股份有限公司	6300	280
7	中国中铁股份有限公司	6126	104
8	中国铁建股份有限公司	5920	113
9	中国建设银行股份有限公司	5705	2278
10	中国农业银行股份有限公司	5209	1795

2.3 企业集团的组织结构

Chandler（1990）曾在其《Strategy and Struture》的书中，指出由于美国商界人士成功地建立和管理了第一批大规模工业企业，20 世纪的美国才能掌控世界经济领导权。这些大企业的战略核心在于多元化，而其基本管理结构则是事业部组织（M型结构）。通过对于欧美企业集团组织结构形式的演变分析，欧美学者认为控股公司组织（H型）正在被事业部组织（M型）全面取代。

Whittington和Mayer（2000）回顾了第二次世界大战后40多年中英国、法国、德国最大的工业企业的发展。他们发现欧洲企业广泛采用以事业部为基础的组织体系，多分部结构非常成功。到了20世纪90年代，英、法、德三国有70%~90%的企业实行这种结构。

但华人企业集团的组织结构演变与西方国家不同。梁宪，张志铮（1995）对日本、韩国、新加坡、中国香港及中国台湾的企业集团进行了研究，发现这些国家和地区的企业集团在组织结构上是以资本为纽带的，通过持股、控股来形成企业网络。其中，香港企业集团的H型控股的主要特征与欧美的M型企业集团不同。

刘斌（2012）对于中国11个行业的36家样本企业集团在2010年末运行的总体组织结构及其在1995~2010年间的发展演变过程进行了研究。刘斌发现中国企业集团的主导组织结构类型是以控股公司为主的H型模式，这与欧美公司以事业部M型组织为趋势有重大不同。这是与中国企业集团发展环境和历程的特点相关。同时，在控股公司为主的H型组织类型中，又有四种细分组织形态，分别是分散自治型、上市核心型、专业分工型和混合型。样本中国企业集团的组织成长演变路径正式沿着这样的趋势进行，正在出现多层集团型的组织结构。

Nohria & Ghoshal（1994）指出在20世纪80年代以前，企业集团层级结构较少，子公司被当作母公司的附属单元，企业集团以规模经济或范围经济来实现整体价值的提升，用自上而下的官僚控制体系实现子公司经理对企业集团战略目标的服从，如大量使用人事委派、计划预算控制等手段。然而，随着企业多元化进程的加快，企业集团组织架构也逐渐发展为包括纵向关系（母公司与子公司之间的关系）和横向关系（子公司与子公司之间的关系）的网络结构，网络组织理论将这些关系称为相互依赖关系。企业集团从母公司到子公司的层级控制范畴转向母子公司间协调优化的网络控制范畴。

从企业集团的组织形式来看，可以划分为三种类型：

（1）以英美为代表的M型企业集团（Conglomerate）。是由多个企业进行横向联合而形成的企业联盟（Maksimovic and Phillips，2013）。存在多个事业部，集团整体的多元化程度较高。

（2）以东亚地区的新兴市场国家为代表的金字塔形控股企业集团（Pyramidal groups）。处在金字塔顶层的实际控制人，通过层层股权控制下属成员企业，上市公司往往处在控制链的最低端（Morck，2005；Bianco and Nicodano，2006；Khanna and Yafeh，2007）。金字塔式的股权控制容易造成实际控制人对底层企业最终所有权与控制权的分离，引发大股东与小股东的代理冲突（Claessens et al.，2000）。

（3）实际控制人通过多条控制链，控制多个上市与非上市公司，并且不同控制链上企业之间通过相互持股加强集团控制，如印度的商业集团（affiliated business group）（Khanna and Palepu，2000；Khanan and Rivkin，2001），如韩国家族企业集团（Chaebols）（Almeida and Wolfenzon，2006a；Almeida et al.，2011a），以及我国的民营控股“系族集团”（邵军和刘志远，2009；马永强和陈欢，2013）。针对系族企业集团，已有研究主要探讨集团隶属关系对于成员企业价值与融资约束的影响（Hoshi et al.，1991；Deloof，1998；Claessens et al.，2006；Zhang and Huang，2013；

邵军和刘志远，2007，2009；杨棉之等，2010）。

日本的企业集团缺乏企业总部的组织架构，日本的企业集团成员公司之间的连结包括股权、债务、董事、贸易以及 CEO 俱乐部等（Lincoln et al.，1996）；成员公司的构成也很稳定（Kim，Hoskisson & Wan，2004；Hoshi，1991）。

在日本，法律规定银行持有单一上市公司的股份不能超过总股本的5%，但日本各种金融机构仍持有所有上市公司已发行股份的40%（Aoki，1990）。银行为企业集团成员提供资金支持并在管理上实施监督，以及参与企业的重大经营决策（Aoki，1990；Hoshi et al.，1991）。

韩国的企业集团主要由家族控制，总体上类似于 M 型的组织架构（Chang & Choi，1988；Chang & Hong，2002；Cheong et al.，2010；Seo et al.，2010）。通过交叉持股，某些家族（如控制三星集团的李氏家族与控制现代集团的 Chung 氏家族）牢固地控制住了各个企业集团的成员公司（Chang & Choi，1988）。Yoo & Lee（1987）的研究显示，韩国最大的20家企业集团里面有三分之一的首席执政官（CEO）是家族成员，企业集团内部通常不存在商业银行（Commercial Bank）。韩国的企业集团内部存在着广泛的垂直整合与横向多元化行为。

印度的企业集团大都由家族控制，主要是靠共同的董事会成员与控制企业集团的家族成员的参与来管理（Khanna and Yafeh，2007；Singh，2007；Gaur，2010；George，2011）。Encarnation（1989）发现印度的企业集团成员公司之间除了股权联结外，还有语言、道德观、家族、社会等级、宗教信仰以及区域的社会联系与成员公司之间的经济联系等。Khanna & Palepu（2000）发现印度企业集团具有多元化经营的特点。

表 2-5 是对四国企业集团组织结构特点的比较总结。各国

的企业集团内涵与外延方面明显不同。

表 2-5 各国企业集团的特点比较

国家名称	日本	韩国	印度	中国
企业集团名称	keiretsu	chaebol	business houses	企业集团
组织结构	非 M 型组织	近似 M 型组织	近似 M 型组织	M 型或 H 型组织
企业集团边界	模糊	清晰	模糊	较清晰
组建形式	以银行为中心	以家族为中心	以家族为中心	集团公司为中心
股权结构	金融机构	家族控股为主	家族控股为主	政府控股
多元化程度	高	高	高	较高
与政府关系	较密切	很密切	很密切	很密切
集团总部	无	有	有	部分有
董事会	位于成员公司	位于成员公司	位于成员公司	位于成员公司
上市公司财务报表	成员公司公开	成员公司公开	成员公司公开	成员公司公开
互派董事	大部分有	大部分有	大部分有	部分有
交叉持股	大部分有	大部分有	大部分有	部分有

Chang and Hong（2000）认为韩国企业集团内部与 M 型非相关多元化组织类似，存在着有形的与无形的企业资源，这些资源企业集团成员公司可以获得，但是独立企业却不能获取。

日本企业集团的更偏向于风险分摊，企业集团的成员公司最大化地利用包括员工、金融机构、股东以及管理阶层在内的要素资源（Aoki，1984，1988）。企业集团对于突如其来的外部风险的抵抗作用，还可以帮助企业留住宝贵的人力资源，从而减少企业为培训或购买这些人力资源所必须花费的额外成本。

中国的企业集团主要以集团公司为核心，并存在 M 型、H 型等多种组织结构，以及紧密层企业、半紧密层企业、协作层企业等多种解释边界（王凤彬，2003；蓝海林，2004）。Ma & Yao (2006) 认为中国的企业集团具有对于所有权真空的替代作用。Peng（1996，2000，2003）认为由于缺乏明确的产权界定与不稳定的政治环境，中国的企业会选择企业集团作为一种介于市场与科层的混合战略。

3 企业集团内部并购的界定及其发展

3.1 企业并购的界定和类型

企业并购（M&A）通常是指企业之间所有权的交易，是指一个公司吞并一个或多个公司，或者两个或多个公司合并成为一个公司的行为。

广义的并购（M&As，mergers and acquisitions）概念，不仅包括传统的收购和兼并，还包括接管（Takeovers）及相关的公司重组（Restructuring）、公司控制（Corporate Control）、企业所有权结构变更（Changes in Ownership Structure）等问题。

“兼并”（Merger）相当于我国《公司法》中所说的“吸收合并”，即两家或两家以上的公司依照一定的法律程序进行合并，合并后只保留兼并者的法人地位，被兼并者的法人地位同时消亡。

“收购”（Acquisition）指某一家公司通过现金购买或交换股权的方式来获得另一家公司的股权或资产，并且所得股份份额足以构成对被收购公司的控制。

从法律上讲，股份收购又分为部分收购和全面收购。所谓部分收购是指收购方所购入被收购公司的股份在30%以下的收购行为；全面收购则是指购入股份在30%以上的收购行为。全面收购实际上是一种强制收购，即当某一收购方购入股份达到30%以上时，法律会强制该收购人以合理的价格向被收购公司的其他所有股东发出收购要约（Tender offer）进行收购。因而全面收购也称为要约收购。

“接管”（Takeover）类似于“收购”（Acquisition），但更倾向于对于公司的控制，其中敌意接管（Hostile takeovers）大多会涉及对现有管理层的变更。在英国“接管”（Takeover）的目标公司更多的是指对于上市公司，而不是未上市的私有公司。

并购按照行业相关性可以分成基本的三种类型，包括：横向并购（horizontal merger）、纵向并购（vertical merger）、混合并购（Conglomerate M&A）（或不相关的并购）。

Kim等（2010）通过对2004～2008年间世界500强的508起并购案的分析，基于并购的目的和规模，将并购分成5种类型，见表3-1：

表3-1　　并购类型

并购类型	在并购案中数量占比	平均规模（亿美元）	主要涉及行业
（1）横向扩张（horizontal expansion）	52%	30.82	原材料电信
（2）产品组合扩张（product portfolio expansion）	14.6%	28.19	日用消费品
（3）能力强化（competency reinforcement）	26.2%	10.26	高技术卫生保健
（4）垂直整合（vertical integration）	6.7%	8.61	能源和电力
（5）新业务扩张（new business expansion）	0.6%	—	—

3.2 企业并购的发展及趋势

20世纪，全球经历了几次并购浪潮。以美国为例，美国历史上共出现过五次并购高峰，人们常称之为五次并购浪潮。前四次并购浪潮的区间为1897～1904年、1916～1929年、1965～1969年和1981～1989年，第五次浪潮的区间大体上为20世纪90年代的1992～2000年，见表3－2。

表3－2　美国历史上的五次并购浪潮

次序	时间	并购方式
第一次并购浪潮	1897～1904	横向并购
第二次并购浪潮	1916～1929	纵向并购
第三次并购浪潮	1965～1969	混合并购
第四次并购浪潮	1981～1989	杠杠收购和敌意收购
第五次并购浪潮	1992～2000	跨国并购和巨额并购

（1）第一次并购浪潮：横向并购（1897～1904年）

第一次并购浪潮历经8年时间，其间发生了2943起并购，平均每年368起。第一次并购浪潮以横向并购为主，横向并购占了总的并购数量的78.3%。此次并购浪潮使得美国产业集中度明显提高，许多大公司通过大规模并购在这一阶段获得垄断地位。如美国钢铁集团就是通过收购卡内基钢铁公司以及其他784家独立公司，最后形成美国钢铁行业的巨人，其产量曾一度占行业生产总量的75%。在这一阶段还产生了像杜邦、通用电器、标准石油、全美烟草、柯达、以及国际收割机等大型跨国公司。

（2）第二次并购浪潮：纵向并购（1916～1929年）

第二次并购浪潮中钢铁、石油产品、铝与铝制品、食品、运输设备和化工产品等行业成为最活跃的并购领域。1929年大危机打乱了第二次并购浪潮的节奏。由于美国反垄断法逐步完善，反垄断的措施更加具体，使得企业横向并购受到抑制。因此，第二次并购浪潮以纵向并购为主，即上下游企业之间的整合和并购。

纵向并购是将行业的上下游企业，生产的各个环节，都整合到一个公司里，形成一个统一运行的联合体。纵向并购有助于减少零部件的流转环节，提高生产的连续性，节省交易费用，从而提高资源使用效率，获取更多的收益。这一阶段产生了像通用汽车、联合碳化合物、IBM等大型公司。

（3）第三次并购浪潮：混合并购（多元化并购）（1965～1969年）

20世纪60年代的后半期是美国战后经济发展的“黄金时期”。随着科技的发展，尤其是激光、电子计算机、宇航、合成材料和核能等部门的新技术，极大地推动了生产力的发展。

第三次并购浪潮以混合并购或多元化并购为主，即跨行业的并购。企业希望通过多元化并购分散风险，抵御市场的冲击，保持业绩的稳定。另一方面，也想通过多元化并购来突破单一行业或者细分领域的规模瓶颈，把公司的管理和技术优势向其他领域拓展。但从实践的情况来看，很多企业的多元化并购都不是很成功。

（4）第四次并购浪潮：杠杆收购和敌意收购（1981～1989年）

第四次并购浪潮以杠杆收购和敌意收购为主要特征，其中最活跃的部门是石油、医药和医疗设备、石化、航空和银行业。与普通收购不同，杠杠收购的收购目的往往是为了未来以更高的价格出售（一般是5～7年），主要是想赚取差价及并购交易过程中的咨询服务费用。收购方通常是金融机构，尤其是投资银行，它们以目标公司的资产作为抵押向商业银行借款，或者以目标公司资产作担保发行次级债券和没有担保的低等级债券，来融资进行并购。杠杠收购中市场融资占收购资金的主要部分，一般可以达到80%～90%，甚至还有更高的比率。此时出现的管理层收购（MBO），由于其收购资金也主要来自于市场融资，所以也将其视为杠杆收购。第四次并购浪潮中敌意收购的绝对数量并不是很高，但敌意收购的金额占整个并购价值的比例很大。

（5）第五次并购浪潮：跨国并购和巨额并购（1992～2000年）

由于互联网和生物技术的兴起，推动了美国新经济增长，同时也催生了美国第五次并购浪潮。美国的第五次并购浪潮以跨国并购和巨额并购为特征，促进了全球经济一体化程度的加深。第五次并购浪潮的年均并购数量远超第三和第四次，金额超过100亿美元的并购案例不断出现。

Vojislav等（2013）使用1977～2004年间4万家企业的并购数据，研究发现在并购浪潮中上市公司会比私人企业更为积极地参与并购。在并购浪潮中，上市公司买卖资产的数量是非并购浪潮中的差不多两倍，而私人企业的并购行为则更为平衡一些。见图3－1。

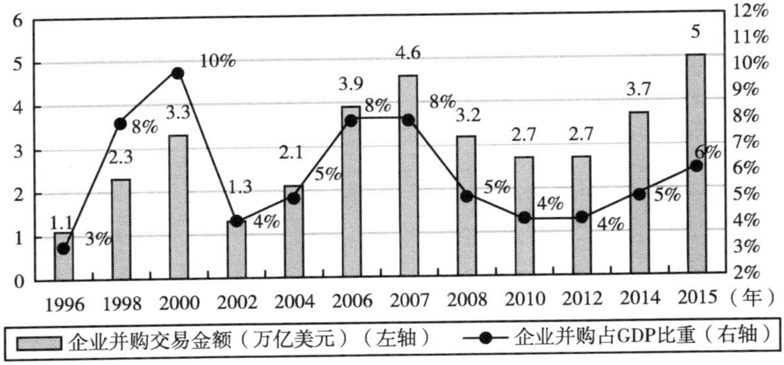

图 3－1　全球并购交易额情况

资料来源：摩根大通，Dealogic 数据，2016 年 1 月 8 日。

根据摩根大通的最新统计，2015 年全球企业并购交易额达到 5 万亿美元，创了历史新高。

3.3　企业集团内部并购的界定

3.3.1　内部并购的界定

企业集团的内部并购，既具有并购的属性，又存在关联交易的特征。前人对于内部并购行为还没有系统的研究，也没有一个公认的内部并购的概念。作者通过对我国上市公司内部并购行为和数据的分析，提出了我国企业集团内部并购行为的概念和类型。内部并购行为，是指在企业集团内部企业之间的资产、股权的并购行为，包括企业集团内母子公司之间、兄弟公司之间的并购行为。这种内部并购并不会扩大企业集团的边界，是企业集团内部的资源整合。

内部并购的参与者包括企业集团中的母公司、集团下属子公司、孙公司等等。收购的标的包括两大类，即企业集团中母公司或下属企业所拥有的下属公司的股权或所拥有的资产。其中下属公司的股权，包括母公司或下属企业完全控股、相对控股或参股的企业的股权。所拥有的资产收购包括母公司或下属企业所拥有的各种有形和无形的资产，如经营性资产、土地使用权、房屋、技术专利、商标权、债权、收益权以及其他资产。资产收购和股权收购有一些差异，股权收购往往涉及被收购企业的整体，是以被收购企业整体资产为标的，收购其一定的股权比例，而资产收购可以是单独的资产（如土地所有权、商标权、收益权等）。股权收购如果超过一定的比例，达到相对控股或绝对控股后，往往还涉及并购后的整合问题。而资产收购有时也涉及生产性资产，如生产线的收购，可能会涉及一部分与资产配套的人员的问题，但是相对来说并购后整合工作要少得多。

3.3.2 内部并购的类型

按照这种定义，如果以上市公司为研究主体，作者将内部并购划分为四种类型，见图 3 -2。

A. 上市公司出售下属公司股权给母公司或其下属企业；

B. 上市公司出售所拥有的资产给母公司或其下属企业；

C. 上市公司收购母公司或其下属企业所拥有的下属公司的股权；

D. 上市公司收购母公司或其下属企业所拥有的资产。

从图 3 -2 中可以看出，以上市公司为主体进行分析，我国上市公司内部并购主要包括两大类，即收购（资产买入）和售

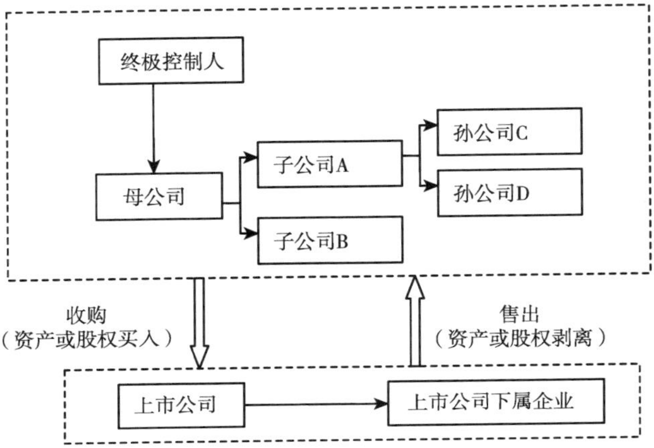

图 3－2 内部并购的类型

图形说明：——→ 表示控制关系 ⇨ 表示内部并购行为

出（资产剥离）。作者认为收购（资产买入）和售出（资产剥离）是两类不同的关联并购业务，其目的和动机以及影响可能存在显著的差异。因此，本书只研究上市公司作为资产收购方的内部收购行为，其对应的集团母公司或下属公司作为资产的卖方。

以上市公司作为研究的主体，其内部并购行为可以概括为收购和出售两种行为。此时上市公司扮演两个角色，要么是收购方，要么是被收购方。

如果以并购标的作为区分，内部并购行为可以划分为资产并购和股权并购（其中的资产和股权是指企业或其关联方所拥有的资产或下属公司的股权）。

根据对于数据的分析，作者发现我国上市公司的内部并购主要有以下一些情况：

（1）募集资金计划好要收购母公司的有关资产，注入母公司的优质资产，也有利于上市公司持续发展。注入的资产大多与主业相关，但也有一些与主业不相关。

（2）抵偿债务，往往是与主业不相关的各种资产，很多是土地和房产。

（3）收购土地使用权，收购时往往是长时间租赁了土地或房屋，这种收购可能有几种影响：一是将每年的租金支出成本，变成一次性的投资，并变成累计折旧成本，可能会调节利润。一是可能会存在高估价值，高价收购，损害上市公司利益。一是对于上市公司独立性的要求，上市公司原来与集团公司资产不清，使用集团公司的房地产办公或做厂房，还有相关的配套设施，都采用的是租赁的形式。

（4）收购商标权、技术。

（5）无偿转让土地使用权、商标权、投资的公司股权等。

（6）收购母公司非核心的业务，对于主业和业绩没有什么帮助。可能是为了帮助母公司甩掉“包袱”。

（7）收购与主业经营有关的辅助设施和业务。

（8）控股股东变化后，控股股东注入新的资产进行置换，如天地源，将房地产资产注入，从而改变上市公司的主业类型，改进其报表业绩。

（9）资产等值置换，如中华企业，龙建股份等。

3.3.3 内部并购的支付方式

通过数据的分析，发现内部收购的支付方式包括现金支付、股权交换、资产抵债、无偿划转（我国国有企业之间）等。其中，无偿划转是我国国有企业之间的特殊的行为，是将国有资产从一个国有（控股）企业划到另一个国有（控股）企业管理，但最终划转的资产还是归国家控制。无偿划转通常不涉及买卖的资金流动，只是所有权的划转。

资产抵债属于被动的内部并购行为，是由于借债未还出于抵债的目的而被动地转让资产的行为。资产抵债的金额如果低于欠债的金额时，通常用其他资产进行补足，包括使用现金资产。资产抵债的金额如果超出了欠债的金额时（因为抵债的资产是一个整体），通常收购方也要用其他资产弥补差额对价，包括使用现金资产。如：新疆国际实业股份有限公司（上市公司，证券简称：国际实业，证券代码：000159）与新疆对外经济贸易（集团）有限责任公司分别于2002年6月20日、8月12日签订了《资产转让意向书》和《资产抵偿债务协议》，外经贸集团拟将其拥有的位于新疆霍尔果斯口岸总面积为149 632.9平方米的三宗商业用地的使用权、房屋及其他附属设备（机器设备）的所有权以评估价转让给该公司，用以抵偿外经贸集团对该公司的欠款。

3.3.4　内部并购与其他关联交易的区别

通过与其他关联交易行为的差异比较，作者可以分析出内部并购行为的一些特有的特点。内部并购属于关联交易的一种，与其他的关联交易行为有一些共同的特点。但是与其他的关联交易行为相比，内部并购又存在明显的差异，主要表现在：

（1）内部并购是一次性的，每次内部并购相互之间没有连续性。关联交易是长期的日常的行为，是连续的行为，前后有关系。

（2）内部并购会带来经营性资产（无论是生产线、经营性厂房、商标，还是部分企业的股权）的进入（或退出），会对上市公司未来业绩产生长远的影响。关联交易是交易产品和劳务，只影响相应的当期财务报表的数据，不会带来公司经营性资产的变化和对未来业绩的长远影响。

（3）内部并购通过收购母公司的资产，可能会减少与母公司原有的关联交易，变成与新的下属子公司的关联交易，减少了通过关联交易将资源转移出去的方式。

（4）内部并购是企业资源的转换，将流动资产转换为长期投资和固定资产。关联交易对于资产没有影响。

（5）内部并购包括对于资产和企业的整合，涉及资源的调整、企业的协同、人的调配等管理问题，最终才能提高总体的效率。而关联交易不涉及管理的问题和协同效应的实现。

（6）内部并购价格比较透明，一般要经过评估确认以及公告；关联交易价格比较隐蔽，一般由自己定价。

3.3.5　内部并购与外部并购的区别

那么内部并购与外部并购（即企业与集团外企业之间的并购行为）有什么区别呢？作者认为主要包括以下几个方面：

（1）目的不同。外部并购更多的是从企业的战略发展的角度出发，着眼于企业的长远发展。内部并购的目的比较复杂，有些有战略方面的考虑，支持上市公司的发展；有些是大股东为了自身的利益而损害中小股东利益的“掏空”行为。

（2）交易成本不同。内部并购是关联方之间的收购行为，双方交易成本很低，也没有其他竞争对手，收购价格往往是公允价格，而不是市场价格。而外部并购要通过谈判、竞价等才能获得，有时会有其他竞争对手的存在，因此收购的交易成本较高，收购的价格往往会存在溢价。

（3）对于集团整体的影响不同。内部并购是关联方之间内部资源的调整和整合，企业的资产会发生变化，但是集团整体的资产总量和结构并没有变化，只是在不同关联方之间重新分配。外部并购涉及企业与外部资源的交换行为，企业的资产结构会发生变化，如用现金资产换回企业的部分股权（以及这些股权所代表的资产和收益权）或进入一个新的行业。因此，外部并购会给企业带来资产的变化，同样也会给企业所在的集团整体带来资产的变化。如图 3 - 3 所示：

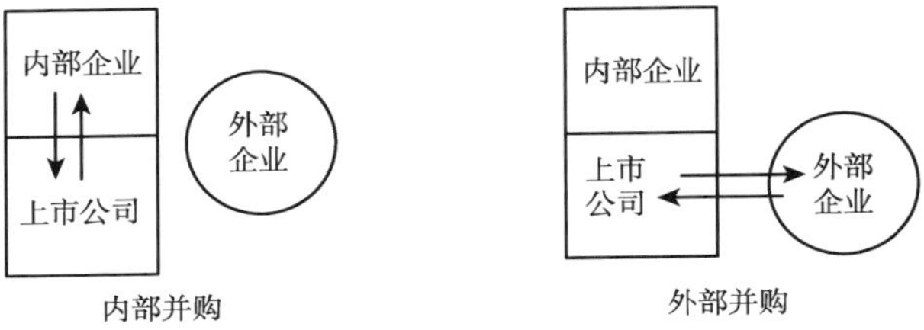

图 3 - 3　内部并购与外部并购的区别

3.3.6　本书研究的内部并购的范围

作者对于我国上市公司内部并购的数据进行了整理，将 2010 ~ 2014 年间上市公司内部并购金额超过 100 万元的并购事件进行了筛选和汇总，并以此为基础形成本书研究的样本范围，见表 3 - 3。

表 3 - 3　　2010 ~ 2014 年间内部并购和全部并购事件统计

年份	内部并购数量	内部并购交易金额（亿元）	全部并购数量	全部并购交易金额（亿元）	内部并购数量占比	内部并购交易金额占比
2010	50	37.94	1789	7088.44	2.79%	0.54%
2011	130	245.46	2076	7229.90	6.26%	3.40%
2012	168	593.84	1055	4902.40	15.92%	12.11%
2013	163	588.79	1535	4599.73	10.62%	12.80%

续表

年份	内部并购数量	内部并购交易金额（亿元）	全部并购数量	全部并购交易金额（亿元）	内部并购数量占比	内部并购交易金额占比
2014	151	274.17	1812	8048.60	8.33%	3.41%
总计	662	1740.20	8267	31869.08	8.01%	5.46%

注：按照当年已完成的上市公司并购进行统计，内部并购只统计了交易金额在100万元以上的内部并购事件。

从统计结果来看，2010～2014年间超过100万元金额的内部并购交易共有662起，占全部并购交易数量的8%；涉及金额1740亿元，占全部并购交易金额的5.5%，见图3－4。

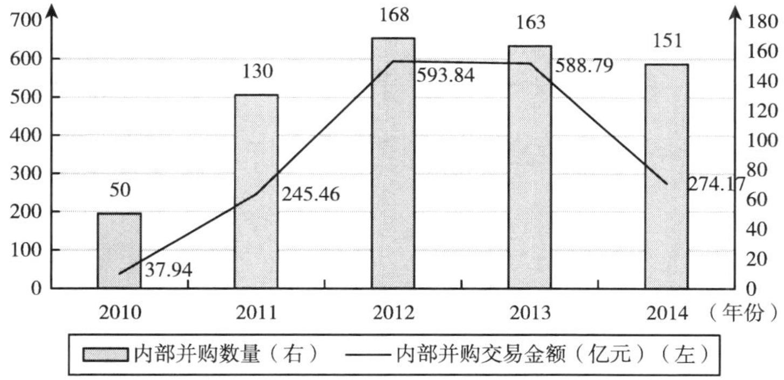

图3－4　上市公司内部并购交易统计

4　企业集团公司治理研究

企业集团治理是众多企业组成的企业集合的层面展开的公司治理，与单一企业公司治理所面临的问题有共同的地方，也有很多特殊的、更为复杂的地方。企业集团治理更多地是涉及母子公司控制、实际控制人对于集团各个企业的控制和影响、对于中小股东的掠夺和保护等问题。

4.1　企业集团治理和母子公司治理研究

企业集团的公司治理研究从单个企业的公司治理研究上发展而来，集团的治理与单个企业的治理有共同之处。但作为一个多法人联合体，企业集团有其特殊的治理问题。企业集团具有企业与市场双重属性，其内部企业间的边界模糊，从而造成了企业集团治理的复杂性（于左，2004）。

国外尤其是英美专门对于企业集团的研究很少，对于企业集团的公司治理研究大多是集中于对大企业的公司治理和管理方面的研究。在国内，李维安等（1999）对企业集团治理问题研究的较早，他们提出了企业集团的规模起点、治理边界以及子公司的治理等，还提出了企业集团治理的内外边界。企业集团治理内边界如图 4－1 所示。

独立企业具有法人边界，企业决策限定在法人边界以内，独立企业的法人边界和公司治理边界一致。但在企业集团中，尽管每个子公司看似相对独立，有着自己的公司治理结构，如“三会”结构。但很多子公司的重要决策是由母公司决定的。因此，企业集团的公司治理边界往往在现实中超越了子公司的法人边界（李维安、武立东，1999）。

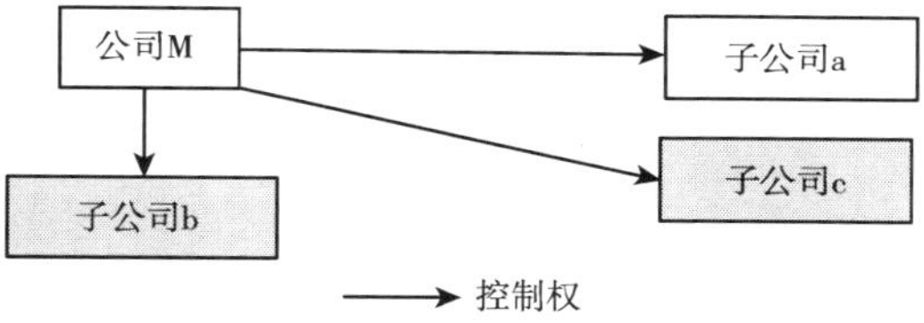

图 4－1 集团治理内边界

资料来源：李维安、武立东：“企业集团的公司治理——规模起点、治理边界及子公司治理”，《南开管理评论》，1999 年第 4 期。

从企业集团治理与一般公司治理的共性和特殊性的角度出发，赵增耀等（2002）分析了企业集团治理所要解决的基本问题是：代理问题和成员企业之间关系的协调问题。其中代理问题是由两权分离所产生的，而成员企业之间关系的协调问题是由多法人联合体而产生的。他们还分析了解决这两个问题外部机制和内部机制：外部机制主要包括市场的治理和政府的治理，其中市场的治理主要来自于资本市场、产品市场、劳动力市场及经理市场，政府主要通过相关法律法规来规范企业集团的公司治理；内部机制则主要通过股东会、董事会、监事会、经理层等之间的制衡和协作。

李亚（2009）提出了一个基于血缘关系的内部治理链，来说明母子公司的治理模式。母公司通常是一个具有多种功能的企业，既有生产经营，还有资本运营；既要制定发展战略，又要协调子公司等，母公司往往还拥有财务、技术、组织、人力、创新、商誉等各种资源。因此，他提出针对不同的子公司可以采取不同的治理模式：（1）参股子公司：可实施距离治理（母公司按股权比例行使股东权利）；（2）控股子公司：实施关键治理（母公司任命关键岗位人员，如董事长、董事、监事等，选择总经理、制定重大决策等）；（3）全资子公司：可以实施综合治理（包括战略、财务、人事、投资等方面全面参与）。

武立东等（2014）提出了企业集团治理的内涵和结构。他们认为企业集团是作为独立法人的市场交易主体通过有机的经济连接形成的企业集合，同时具备了市场交易的单一性以及企业交易的长期性、稳定性。这一组织性质决定了集团内部各成员行为间存在外部性，即“机会主义”（负外部性）和“网络效应”（正外部性）并存。抑制负外部性、发挥正外部性的目标就决定了企业集团治理既要包括行政权威，也要包括市场激励。因此，企业集团也被形象地描述为“有市场的组织”、“有组织的市场”，即 Larsson（1993）所说的“看不见的手”与“看得见的手”的“握手”。

企业集团治理的本质内涵就在于如何通过“看得见的手”和“看不见的手”来协调成员的行为，它不仅要包括建立在规制基础上的行政规则，同时也要包括以文化认知为基础的共同信仰、共同行动逻辑的构建，以结构嵌入的方式实现“看不见的手”与“看得见的手”的“握手”。结构嵌入的强度、密度取决于不确定性、专用性、交易频率和特定资源依赖程度等维度。企业集团不同于一般的网络型组织之处，在于嵌入性的结构更具有主观建构的色彩，这是由母公司或总部主导的，尤其对于转型经济中的中国企业集团而言。

企业集团治理研究有两个重要的维度：

一是包括组织结构、权力配置和制度流程设计在内的传统的集团治理规范（即企业集团的规范结构）；

二是集团实际运营中子公司的真实行为，也即企业集团的行为结构。子公司主导行为是子公司获得集团认可和集团网络地位的重要手段，子公司通过实行主导行为而获得能够建立其集团内部优势地位和提高寻求外部市场机会的能力，是推动子公司和集团演变和升级的重要因素。

武立东等（2014）认为传统的垂直控制模式和水平协调模式难以解释转型经济背景下的中国企业集团治理实践，因此引入“模块化”的概念和“受限制活性化”的原则，提出针对我国企业集团实践的模块化治理模式。

4.1.1 企业集团治理模式

李维安等提出了集团治理内外边界的概念。所谓外边界是母公司有限责任的范围，即母公司作为关联公司决策者的一员所享受的权利和承担的义务；内边界，是指母公司控制权的边界，即为母公司和子公司外延的界限。他们还总结出子公司治理的七种模式，即组织资源型治理模式、事业部治理模式、职能型治理模式、内部贸易型治理模式、议会式治理模式、财务控制型治理模式、人事控制型治理模式。至于具体选择哪一种模式，取决于母公司的治理目的和子公司依其资源禀赋而形成的权力约束；深入分析了企业集团的治理机制，认为为了保证决策的科学性，企业集团的治理模式应该从行政型治理模式转向经济型治理模式，后者的建立需要从两个方面入手，包括做好国有资产授权工作和有效的集团改组。

赵增耀、席酉民（2002）编著的《企业集团治理》是国内较早将公司治理和企业集团结合起来研究的著作。他们对企业集团与一般企业治理的共性与差异做了分析，认为企业集团治理除了一般公司的治理内容之外，还涉及内部成员企业之间的关系协调；市场方式和组织方式在企业集团内部关系的协调中都发挥着重要的作用；企业集团治理机制包括内部治理机制和外部治理机制，内部治理机制分为权力制衡机制和激励机制，外部治理机制则包括市场和政府对企业集团的治理机制。

孙班军等从公司治理的功能层面将企业集团治理划分为文化治理、财务治理和行为治理等三个内容，并认为财务治理在企业集团治理体系中居于中心地位。在此基础上，他们还提出了财务治理结构，包括投资治理、审计监督机制、融资治理、资本控制机制、信息披露机制、激励与约束机制等六个内容。孙班军等从治理功能角度构建企业集团治理理论，从外部治理的视角，通过构建市场与政府的“双轨”互动框架探讨我国企业集团治理模式的动态演化过程。

4.1.2 终极控制人

(1) 公司控制权、公司重大决策行为及企业绩效之间的关系

公司控制权的研究始于1932年Berle and Means关于美国上市公司股权分散的研究，之后很多学者研究了股权分散结构下的委托代理和经理人控制的问题，这一度成为公司治理研究中不可动摇的根基。但是，自从20世纪70年代出现对于大股东的研究，以及许多实证证据证明大股东的普遍存在之后，动摇了分散股权的基本假定，上市公司控制的研究转向对于大股东、终极控制人、集团公司等的研究，尤其是在1999年La Porta等人的研究之后，这一方向迅速成为公司治理研究的新热点。这也说明公司股权结构是多样化的，不同的国家由于制度、环境、

历史等的原因，企业的控制权结构和公司治理的特点各不相同，因此公司控制权和公司治理问题是既有普遍性又有各国特殊性的问题。随着研究的逐渐深入，对于公司控制权结构及其影响会有更清晰的认识。

经过对前人关于企业控制权的经典文献的研究和梳理，作者发现对于控制权的研究遵循图4－2的逻辑思路。许多前人的研究是基于所有权结构及其所赋予的法律和契约权力结构对于企业决策制定的影响。由于各国法律对于所有权的权力的规定不同，公司内部契约对于投票权的规定不同，公司控制权往往决定于所有权结构及股东的关系。不同的控制权类型之下不同的控制者有不同的目标函数，从而决定着公司的决策以及行动，这些决策和行动最终影响着企业的价值和绩效。而不同控制类型下又有不同的监督和制衡机制，通过影响控制人的目标函数或通过投票机制影响公司重大决策，最终影响公司的绩效和价值。

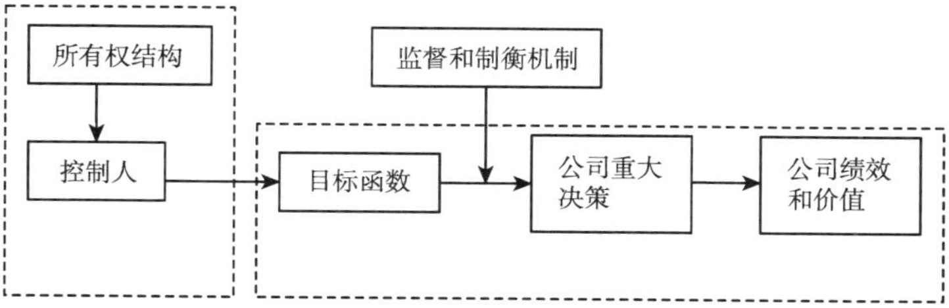

图4－2 不同所有权结构下的控制权类型及其影响机理

世界各国的企业所有权结构特点各不相同，美国和英国上市公司（不考虑非上市的封闭公司）主要是以分散的持股为主，而欧洲其他国家以及东亚等国家普遍存在着股权集中的现象。在股权集中情况下，有些上市公司只存在一个大股东，有些上市公司存在多个大股东并存的现象。东亚一些国家还普遍存在终极控制人通过集团公司，采用金字塔、交叉持股、相互持股、有差异的表决权等手段来控制上市公司。作者将前人基于所有权结构的控制权的经典研究归纳为以下四种类型：一是分散股权与经理人控制，二是股权集中与大股东控制，三是多个大股东并存与股权制衡，四是企业集团与终极控制人。这里作者仅对第四类，即企业集团与终极控制人的相关研究，在下面进行了总结。

（2）企业集团与终极控制人存在的普遍性

企业集团在许多国家是一个广泛存在的组织形式。集团经常采用金字塔的组织形式，下面附属的子公司往往是独立的法律实体，对于外部资本市场是有限责任和自治的（Cestone 和 Fumagalli，2005）。

对于企业集团和最终控制人的经典研究开始于 La Porta 等人（简称为 LLS）。La Porta，Lopez-de-Salines，and Shleifer（1999）发现控制股东通常拥有超过他们对于下属企业现金流控制权的权力，主要是通过金字塔结构和管理参与来实现的。由于存在着有控制力的股东对公司的所有权中含有各种私人收益，包括通过隐蔽渠道、关联交易转移利润、转移资产，所以，所有权更多地应该指对于公司的控制，而不是现金流权。他们发现 27 个富裕国家大公司的所有权结构，除了有股东保护很好的国家外，其他国家几乎没有企业是被公众广泛持有的，这与 Berle 和 Means 描绘的现代企业所有权是相对的。相反，这些企业通常是由家族或政府所控制。由金融机构控股或广泛持股的公司已经不常见。公司的投票权，可以由最终控制性股东直接持有，也可以由他们通过各种间接渠道来持有。他们发现在不同的发达国家和发展中国家，主要家族对于公司治理的影响有很大的不同。英美的大多数企业不是由家族控制，而是由职业经理操纵。而大多数其他国家的大多数大企业组成企业集团，由少数富有的古老家族或国家所控制。如 Noboa 家族控制着厄瓜多尔 1100 万人口中近 300 万人口的收入，其香蕉出口占国家的 40%。

在 LLS 开创性的研究之后，又有一些实证研究进一步描述了东亚国家和西欧国家中终极所有者的状况和结构。Claessens 等（2000）分析了 1996 年 9 个东亚国家 2980 家公司的所有权数据，发现在东亚国家里，借助于金字塔结构和交叉持股，控制权与现金流权的分离更加彻底。在超过 2/3 的公司里面，都存在着超级控制者。

Faccio 和 lang（2002）发表了研究了西欧 13 个国家 5232 个上市公司的最终所有权的情况。他们发现，在西欧公司中，占 36.93% 的分散持有公司和占 44.29% 家族控制公司占据统治地位。分散持有的公司在金融性的和大型公司中占主导，而家族持有在非金融公司和小型公司中更多。分散持有的公司主要分布在英国和爱尔兰，而欧洲大陆上家族控制更多见。最终控制者在获取现金流权利之外的控制权的时候，在一些国家中，类别股权应用得比较多见，而金字塔和多控制链的应用相对次要。

Agnblad et al.（2001）发现用 1998 年斯德哥尔摩股票交易所上市公司的市值来衡量，Wallenberg 家族控制着瑞典经济 43% 的份额。而 Barca 和 Becht（2001）研究了整个欧洲大陆存在的类似情况，Claessens，Djankov 和 Lang（2000）研究发现在亚洲存在类似的公司控制权集中在少数家族手中的现象。有一些国家，包括加拿大和澳大利亚，是介于两者中间，有一部分广泛持股公司，也有由富有的古老家族控制的企业集团。当然，这些国家也有很多的小企业，这些小企业也起到了重要的作用。

但是这些企业集团对于国家经济的重要性要远大于美国或英国广泛持股的大公司的重要性。

（3）新兴市场国家中企业集团存在的原因

研究的普遍观点是新兴市场国家中的企业集团的存在是为了克服市场和制度的不完善，以获取比独立企业更多的优势和利益。1997 年哈佛商学院教授 Khanna 和 Pelapu 在《哈佛商业评论》上发表了“归核战略为什么在新兴市场上可能是错误的”一文。文中他们认为：在西方经济中，核心竞争力和归核战略对于公司战略的制订是众望所归。在西方世界，经理们已经拆散了很多在 20 世纪60 ~70 年代建立起来的企业集团，但是，在新兴市场上，大型的、多元化经营的企业集团仍然是居于主导地位的企业形式。Khanna 和 Pelapu，以及后来的一些学者经过研究后认为，主要是企业从事经营活动的外部制度环境与西方发达市场经济的情况差距太大，而多元化经营格局和组织的建立将有助于弥补市场的缺欠。一些研究也认为企业集团在许多国家是不完善的资本、劳动力市场和产品市场的替代物，因而有着独立企业所没有的竞争优势（Ghemawat and Khanna，1998；Granovetter，1994；Guill'en，2000；Khanna and Palepu，1997，1999）。

Starchan（1976）在早期对于中美洲企业集团研究中指出企业集团是面对不稳定市场的一个保险装置。Khanna 和 Yafeh（2005）指出多元化企业集团在大多数新兴市场国家很普遍，对于这些国家的经济发展起到很重要的作用。这些企业集团的一个功能就是通过理顺现金流和在附属企业间重新分配资金来分担风险。

在经济发展的早期阶段，市场制度不完善。因为资本、劳动力和产品市场只有很有限的资源用于交易，因而要动员大量的资源相当困难。由于特定的支持市场交易的中介的缺乏（在发达国家存在）使得外部市场存在信息和激励问题，进而影响到了市场交易的效率（Khanna and Palepu，1997）。另一方面，经济发展的早期阶段产生了大量的市场机会。新兴市场国家的企业缺乏本土的（indigenous）技术能力，倾向于成本优势的竞争，需要依靠国外企业提供必要的技术。但是，弱的市场制度为产生新的投资而动员金融和人力资源继续设置障碍。因此，有能力动员真正的资源而不是行业特定的能力（如技术和市场）的企业就能够先占领（preempt）市场并享有先动优势。

由于缺乏有效运行的外部市场，多元化的企业集团相对于独立企业在通过下属企业间动员资金和人力资源上具有优势。通过在下属企业间转移和共享稀缺资源，企业集团能够克服由弱的市场制度所产生的不完善，因此成为新兴市场中占主导的组织形式。

制度经济学家认为制度（即游戏规则和经济的激励结构）影响经济的绩效（North，1990）。一个国家的制度环境是企业活动的价值创造的机会同时也是约束。与弱的市场制度有关的信息和契约问题影响企业通过市场关系扩展的能力。但是这些市场的失灵，给多元化企业集团的内部市场带来了价值创造的机会。内部市场帮助克服外部市场的契约问题。多元化契约作为市场失灵的反应而出现的逻辑被用来解释美国20世纪60年代的混合多元化的产生，以及新兴市场国家的多元化企业集团。

Williamson（1975）对于许多国家包括20世纪60年代的美国快速增长的混合多元化，提出一个充分的解释。他认为混合多元化的出现主要归咎于信息不对称和外部市场的治理无效率。

混合多元化的企业中的总部起到的作用类似于外部资本市

场投资者起到的作用（Williamson，1975）。他们不仅在不同下属公司间分配稀缺资源，也用投资回报率标准和基于利润最大化的资源分配计划来评价和控制他们，因此，作为内部投资者的总部会比外部市场投资者有优势，尤其是当外部市场不发达时。总部通过内部信息和审计系统拥有与每一个下属公司状况有关的丰富的信息。总部能够控制战略和操作策略的改变，操纵报酬系统，或简单地替换不合作的或绩效差的下属公司经理而不涉及额外的成本，尤其是当与敌意收购有关的成本进行比较时。由于这些优势，混合多元化公司的内部资本市场能够促进资本分配，能够把下属公司管理得比这些公司作为独立公司面对外部资本市场上时更好。实际上，美国20世纪60年代的混合多元化公司在外部资本市场不发达的时候创造了价值（Hubbard and Palia，1999；Klein，2001）。

发展中国家的区域集团与美国的多元化公司的作用类似。企业集团经常被视为市场失灵和资本、劳动力和产品市场的制度不够发达的组织上的解决方案（Encaoua and Jacquemin，1982；Khanna and Palepu，1997，1999；Leff，1978）。在许多市场制度不发达的国家中，为安全地获取中间产品和服务而进行垂直整合和多元化是有必要的，从而导致了多元化企业集团的出现。这种多元化构成了在下属企业中分享稀缺资源的内部市场的支持。由于这个原因，Leff（1978）将企业集团描述为“在不发达的国家中为克服不完善的市场并在从不完善的市场中获取资源的一种技术创新”。Khanna and Palepu（2000b）认为，资本市场的不完善是企业集团存在应当最先考虑的原因；企业集团也许能减轻产品市场、劳动力市场和跨国的技术市场的失灵（failure）。

与企业集团成员有关的利益是许多实证研究关注的焦点。

如 Zeile（1996）发现韩国集团附属企业在存在市场失灵的行业中比其他企业更具有优势（dominant）。Chang and Choi（1988）和 Chang and Hong（2000，2002）确认了韩国集团附属企业绩效提高的效果。Khanna and Palepu（2000a）将印度的集团附属企业与非集团附属企业进行比较，发现集团附属企业在集团多元化水平低的时候是不利的。但是对于高度多元化的集团，集团附属企业的绩效要好于非附属企业。Khanna and Palepu（2000b）从智利的企业分析中展现了类似的发现。

Chang（2000）研究显示集团附属公司通过共享其他成员无形的资源和财务资源获得了利益。不同类型的内部交易，如债务担保、股权投资、内部交易，明显地是用于交叉扶持的。

最近的实证研究显示发展中国家的企业集团可以有效地分配资本和关联资源。Khanna and Palepu（1997，1999）认为发展中国家的企业集团模仿只有在发达经济中才存在的市场机制的利益功能。

当一个特定的市场机制不够发达或不存在时，一个企业集团能通过给成员企业提供可选择的方式来克服困难，从而提高价值。例如，当一个国家的外部资本市场不发达，一个企业集团内部的资本市场能够让那些集团内有最好项目的企业获取资源。

总之，如果外部市场不存在或运行很差，多元化的企业集团就有可能从内部市场创造价值。但是外部市场发达时，可能会增加内部市场比外部市场更有效的积累和分配资源的困难（Guill'en，2000）。因此，企业集团的经济合理性有内部市场对外部市场的相对效率所决定，是制度发展的函数（Khanna and Palepu，1997，2000a，2000b）。随着外部市场发展并变得越来越有效率，内部市场的重要性在下降，建立和支持内部资本市场的成本变得与其收益不相称（Berger and Ofek，1995；Lang and Stulz，1994）。但是，要理解内部和外部市场之间的平衡，要考虑不同的组织形式。

4.1.3　金字塔结构

公司治理领域对于金字塔股权结构的研究源于 La Porta 等提出的关于“金字塔结构”的开创性研究。此后，来自不同国家和地区的经验数据证实了金字塔股权结构的普遍存在性。Bianchi（2001）等发现意大利超过 50% 的工业公司是以金字塔结构形式存在的。Faccio 和 Lang（2002）的研究表明，金字塔结构在西欧 13 个国家都较为盛行。

金字塔结构其实在中国上市公司中也普遍存在。赖建清和吴世农（2004）利用上市公司 2002 年底的数据，发现自然人控制的上市公司中，存在金字塔结构的公司占自然人控制公司总数的 95.7%。程仲鸣等（2008）对沪深两市 3115 个地方国有上市公司 2002～2006 年的数据进行研究，发现采用金字塔结构来间接控制的地方国有上市公司占了 90.7%。

国外关于企业金字塔股权结构成因的研究，主要有融资优势理论与控制权私利理论。融资优势理论认为金字塔结构的优势在于其具有融资优势。在水平结构下终极控制人只能从已控制的公司分得的收益对新公司进行融资，但终极控制人在金字塔结构下可以用已控制公司的全部收益。

控制权私利理论认为通过构建金字塔结构，终极所有者能够以较小的现金流权，实现对所有权关系链上企业的控制，从而产生了控制权与现金流权的分离。于是终极所有者可以通过金字塔控制链条以转移定价、出售资产、现金盘剥等内部交易方式实现资源的转移，最终达到获取控制权私有收益的目的。

Johnson（2000）等以及 Riyanto 和 Toolsema（2008）的研究都证实了金字塔股权结构下控制权私有收益的存在。

Almeida 和 Wolfenzon（2006）认为金字塔股权结构存在的主要原因之一是在投资者保护较差的地区具有融资优势。刘启亮等（2008）对于我国企业股权的金字塔结构进行了研究，他们认为由于投资者保护的不同，投资者事前形成了不同的对于经济公正的预期，并根据这个原因进行投资。在法律对投资者保护较差的情况下，倾向于强势的公司治理，有实力的股东会集中投资，从而通过金字塔结构进行“掏空”和寻租，以放大财富效应和获得控制权私利。

李增泉等（2008）站在债务融资的角度，分析了我国民营企业集团在设立和形成金字塔结构过程中的动机。他们发现由于民营企业融资中存在国有银行对他们的政策性歧视，此时民营企业会选择金字塔结构，通过其乘数效应来缓解债务融资的约束。他们对 IPO 当年我国民营企业的金字塔结构、资产负债率，还有当地金融市场的发展程度之间的关系进行了检验，其结果与理论预期相符。由于我国制度背景比较特殊，民营企业和国有企业的金字塔结构的形成过程显著不同。国有企业发展的政策与我国国有企业形成金字塔结构密切相关，而民营企业则是在市场经济条件下根据自身发展，而自发产生的金字塔结构。因此，我国国有企业金字塔结构形成的动机，需要从政策层面来寻找原因。

Fan 等（2007）也研究了中国国有企业的金字塔结构，分析了其形成的原因和经济后果。他们站在政府分权的角度进行分析，来研究中国国有企业形成金字塔结构的动机。政府分权源于市场化改革，政府分权受到市场化进程的推进或延缓力量的重要影响。但要分析转轨经济期中，我国国有企业的金字塔结构的形成原因，以及动态的约束条件和驱动理论，仅从政府分权的角度研究是不够的。

4.1.4　掠夺的动机：控制权的私人收益

学者通过计量方式研究了实际控制人的掠夺情况，想要证明掠夺现象是否存在，以及其内在的过程和机理。其中，Claessens 等（2000）1999 年为世界银行写的《东亚公司的多元化经营：终极所有权和集团附属公司的作用》的报告是其中经典的研究。

一旦建立了企业集团形式，即使有上述正面的理由，企业集团实际上也存在可以进行掠夺的结构。掠夺的根本动机，是控制性股东存在私人收益。控制性股东由于有控制权私人收益，与其他股东之间存在利益的分化。控制性股东追求个人利益的最大化。而控制性股东的个人利益，也来自于两个部分：所有股东都能够得到的正常收益和控制性股东的私人收益（宁向东，2005）。

4.1.5　掠夺的基础：现金流权和控制权的分离程度

Claessens 等（2000）建立了一个数据库，包含了从 1991 年至 1996 年东亚 9 个地区 2000 多家公司的数据，主要是集团公司的终极控制人、下属企业，以及公司多元化经营的情况。

Claessens 等（2000）引入了控制权和现金流权分离程度的指标。企业的价值是由公司未来的现金流决定的，是未来各个年度公司预期现金流的折现。现金流权是股东的所有权对公司未来现金流的要求权。而股东行使控制的权利是通过投票来进行的，通过投票影响公司的决策，权利的大小依据其持股的多少。他们发现控制权水平和多元化程度存在着间接的关联，由此可以推断，随着集团对下属企业控制权的增长，终极控制人只承担部分成本却能享受全部收益时，就会助长终极控制人对其他股东财富的剥夺。东亚上市公司的特征与大多数的美国公司不同，由于交叉持股、金字塔的股权结构以及不同投票权的股票（multiple class stocks）导致东亚的上市公司的控制权与现金流权的不一致。这些实际情况让所有者以最小的现金投资获取企业有效的控制权。对于所有者来说，这种差异越大，企业特定的风险就越小。因此，没有必要追求以降低风险为目的的多元化。差异越大也暗示着通过多元化增长侵占的机会和动机更大，因为企业绩效和所有者财富之间更弱的联系。这些利益冲突随着控制水平的升高变得更强。作者发现控制权和现金流权之间的差异越大，企业越倾向于多元化，尤其是在高控制水平时。研究证明了在东亚国家里企业以集团的形式进行多元化经营，是创造内部市场以降低成本的手段，同时也可能是对小股东进行财富剥夺的方式。

企业集团导致控制性股东对其他股东的剥夺，其核心的原因是：企业集团的最终控制人可以通过金字塔结构、交叉持股、类别股份等手段创造出公司的现金流权和控制权的分离。

Johnson et al.（2000）认为控制股东有强烈的从控制的企业中获取资源以增加他们的财富的动机。为了描述这种从企业中转移资产以满足控制股东利益的行为，Johnson et al.（2000）用了“掏空”行为（挖隧道 tunneling）这个词。（“掏空”行为这个词最初源自对于捷克共和国中小股东资产被侵占特征的描述，即资产从企业中神秘地被转移出去，好像是通过一个隐藏的隧道被转移了。）

Johnson et al.（2000）认为“掏空”行为可以采取很多形

式。例如，它可以通过直接的盗窃或欺骗。也可以通过更为狡猾的合法的手段，例如通过冲减股票收益来损害小股东，或是通过关联（下属）企业之间的并购将资源转移出收购公司或被收购公司。

La Porta, Lopez-de-Silanes, and Zamarripa（2000）根据墨西哥的关联贷款（related lending）的数据，发现在墨西哥的企业集团中伴随着“掏空”行为也存在支持的行为（即，反向的“掏空”行为 negative tunneling）。他们发现在所有商业银行贷款中有大约20%左右的关联贷款账户。而且，关联贷款和正常贷款（arm's length lending）的贷款条件不同。关联贷款（related loans）年利率要比正常贷款的年利率要低3%。而且，正常贷款的抵押要求要高于关联贷款。关联贷款比非关联贷款有着更高的拖欠率，和更低的重新收回的比率。

Friedman and Johnson（2003）认为有足够的实证证据表明在投资者保护弱的国家里存在企业家将企业的资源转移出去的现象。也有案例证据表明在某些情况下，同样的企业家可能会用他们自己的私人资源来支持企业。Friedman and Johnson（2003）开发了一种简单的“掏空”行为和“支持”行为的理论模型。在此模型中当有适当的反向的冲击时，企业家最好的选择就是支持企业，因此企业得以继续生存。在此模型中，企业家通过借款而不是发行股票能够承诺（commit）支持。但是，如果反向的冲击太大，企业家就会掠夺企业，并让它破产。

他们用1997～1998年亚洲金融危机的证据充分（broadly）证明了上述支持行为的存在。同时，他们发现金字塔结构的亚洲企业更倾向于“掏空”行为，大概（presumably）是由于在这类所有权结构的企业中转移资源的成本低的原因。金字塔企业产生支持行为也很容易。

La Porta, Lopez-de-Silanes, and Shleifer (1999) 认为“全世界的大企业中的核心代理问题是限制控制股东对于小股东的侵害问题……”。当几乎没有机制来保护小股东和控制大股东侵占资产的权力时，这一控制股东和小股东之间的代理问题就相当严重。

羸弱的公司法律和松散的执行体制，引起了各国对于小股东被侵占的担忧，尤其是存在企业集团时。而现实中企业集团是许多发展中国家和发达国家普遍存在的一种组织形式。在一个企业集团中，一个股东或者家族完全控制了几个独立的公司，但只拥有这些企业中个别企业的显著现金流控制权（在多数企业中现金流控制权不大）。这种由该股东控制的不同企业间现金流控制权的差异，使其产生了强烈的掠夺小股东的动机。控制股东会从这些企业中转移（或“掏空”行为）利润，将他们拥有低现金流控制权的企业转移到他们拥有高现金流控制权的企业。现金可以通过许多方式转移：企业可以相互给予高（或低）利率的贷款，操纵转移价格，或以高于或低于市场价格的价格彼此销售资产，等等。如果这种行为蔓延的话，会产生严重的后果。通过减少外部股东的回报，这种行为会阻碍股权市场的增长，以及整个金融的发展。违法的利润转移会减少整个经济的透明度，导致虚假的财务数据，并使人任何关于企业健康发展情况的推断相当困难。实际上，一些观察者认为“掏空”行为使得在 1997 ~ 1998 年新兴市场危机中很难评估企业的偿还能力，可能会加剧危机。

Morck (2003) 指出在家族企业集团的代理问题不是传统的经理人的委托代理问题，而是金字塔企业集团将控制权从所有权分离出来，控制家族的壕沟效应，以及关联公司间对公众投资者有损害的非正常交易（“掏空”行为）等。

Chang（2003）指出集团附属的上市公司的业绩决定着其所有权结构。控制股东用内部信息在能够盈利或有潜力的企业中获取直接或间接股权利益，通过集团内交易将利润转移给其他附属企业。这些发现强调了进一步研究控制股东对于少数股东的“代理问题”的重要性，尤其在企业集团里。

终极控制人追求企业集团利益最大化的方式主要是通过“掏空”行为（Tunneling）。控制性股东在部分集团下属企业中拥有较高的现金流权，而在另一些下属企业中拥有较低的现金流权。这种差异产生了“掏空”的动机，控制性股东倾向于将利润从现金流权比较低的企业转移到现金流权比较高的企业。转移过程可以通过多种方式实现，比如故意压低或抬高企业间拆借的利息率，操纵关联交易的价格，以及将资产高于市场价格（或低于市场价格）在企业间进行买卖等等。

Bertrand 等（2002）通过对于一组印度的企业所属企业集团内的收入冲击传播的追踪，来分析“掏空”行为的数量，并发现了“掏空”行为存在的证据。资产转移不是由于企业所处的行业、企业集团内部共同保险或内部资本市场的错误评估所致。而且，这种“掏空”行为的规模是显著的：低现金流控制权企业中超过 25% 的利润被转移。

Bertrand 等（2002）进一步分析了“掏空”行为的机制（机理）。印度企业集团的“掏空”行为是通过操纵利润的非营业部分（如杂项或临时项目）。实际上，没有单独的关于运营利润转移的证据。但是，非运营的损失和收益看起来被用来冲减真实的利润冲击或从其他企业转移现金。Bertrand 等（2002）分析了是否市场价格合并了“掏空”行为（包含了或反映了“掏空”行为的影响）。他们发现高市值的企业对于其自己受到的冲击和集团内其他企业受到的冲击都很敏感。如果企业所处的集团有高的市值，那么这些企业对于他们自身受到的冲击更为敏感，但是对于集团受到的冲击并不很敏感。这说明股票市场至少部分惩罚了“掏空”行为。通过分析外部冲击对于金字塔的不同层级的企业绩效的影响，Bertrand et al. 发现的确有大量的从接近金字塔底层的企业向接近金字塔顶层的企业转移资源的情况。

Kee－Hong Bae（2002）用具有交叉持股特征的韩国企业集团作为样本，通过调查股票市场上的投资者对于收购事件如何反应来展示“掏空”行为。他们发现发生收购的集团企业的小股东在收购中受到损失，但是这些企业的控制股东从中获益。并购前绩效好的企业不是好的收购者，但是并购前绩效差的企业是好的收购者。这些结果暗示着更多的资源从绩效好的收购方被转移的倾向，但是绩效差的收购方更倾向于利用“掏空”行为从目标公司获取资源。同样，他们发现当收购方收购大的企业时收购方的回报是会更高。这一结果暗示资源从大的被收购企业转移给收购方。

王蓓等（2013）以 2005～2008 年中国企业集团及其旗下上市公司的数据为样本，探讨了企业集团、金字塔式控制结构与大股东掏空的关系。王蓓等采用行业业绩冲击敏感性方法，以同属于一个集团内公司间的相对控制权为基点，研究控制性大股东利用集团内部市场进行非效率资产转移与配置的可能性与转移路径。结果显示“大股东掏空”行为在中国非常普遍，而且控制性大股东倾向于把资源从拥有较少所有权的底层公司转移到拥有较高所有权的上层公司。

刘玉龙等（2014）基于终极控制人的虚拟经济属性和实体经济属性差异，将上市公司终极控股的金字塔结构分为虚拟终极控制和实体终极控制两类，研究了我国上市公司终极控制人控股结构的演化以及金字塔持股结构对控制权私人收益的影响。利用中国 2004 ~ 2011 年 A 股上市公司的面板数据进行统计分析发现，我国金字塔持股结构呈现日益复杂和从实体终极控制向虚拟终极控制变迁的趋势，而且不同属性的终极控制人对上市公司的金字塔控制结构存在明显差异，呈现出虚拟“长窄”控制和实体“宽扁”控制的特征。金字塔持股复杂度可以抑制实体终极控股股东对上市公司的“掏空”，助长虚拟终极控制人对上市公司的“掏空”，具体到金字塔结构的长度和宽度两个方面，金字塔宽度可以抑制实体终极控制人的“掏空”，促进虚拟终极控制人对上市公司的“掏空”；而金字塔长度可以助长实体终极控制人对上市公司的“掏空”，抑制虚拟终极控制人对上市公司的“掏空”。

4.1.6 债务融资和掠夺

在公司治理中，债务融资起到一定的约束和监督作用。Jensen（1986）指出，因为还本付息的内在压力，债务融资能够降低经理层自由支配的现金流量，从而约束经理层的自利行为（管理松懈、在职消费等）。此外，经理层的声誉在企业破产清算时，会受到较大影响，因此管理层的负债融资行为会受到激烈竞争的职业经理人市场的约束（Fama 和 Jensen，1983a，1983b）。

由于还本付息的内在压力使得管理层的怠慢和松懈行为得以减少，从而提高管理质量，因而债务融资具有一定的治理效应（Jensen and Meckling，1976；Maloney et al.，1993）；此外，偿债减少企业的盲目扩张行为，原因在于减少了公司能够自由支配的现金流（Jensen，1986），导致公司经常接受来自外部市场的监督；能够实现银行的专业化监督（Fama，1985；Diamond，1984；Titman and Wessels，1988）；增加了财务危机发生的概率（Aghion and Bolton，1992）。Leland and Pyle（1977）和 Ross（1977）等认为，由于债务融资具有降低代理成本的优势，债务融资是内部人传递公司质量给向外部投资者的信号：负债比例越高，公司质量越高。由于在发达国家，出于对债权人的严格保护，债务融资才能够约束内部人的自利行为，在不履行债务的情况下，公司破产或者重组的可能性非常大。经营不善的“恶名”会严重损害公司高管的声誉，激烈竞争的经理人市场凸显了声誉作为无形资产的巨大价值。

以 295 家公司为样本，冯旭南（2012）重点探讨了我国家族上市公司债务融资的动机。结果发现，无论是用短期债务融资还是长期债务融资来衡量，银行借款行为都反映了家族终极控制人的掠夺动机。具体表现为：终极控制权和所有权的分离程度越大，负债融资的比例越高；在治理环境不完善的地区，这一特征尤其明显。这说明上市公司进行银行融资的目的不是为了发挥债务的治理效应，而是为了增加其可以控制的资源，为终极控制人的“掏空”行为提供便利。

肖作平，苏忠秦（2012）利用我国 2004 ~ 2008 年上市公司平衡面板数据检验终极控制股东与现金股利之间的关系。研究发现，在其他条件相同的情况下，现金流量权与现金股利支付水平显著负相关，控制权和现金流量权分离度与现金股利支付水平显著正相关。这表明终极控制股东并不是把现金股利作为“掏空”的工具，而是把现金股利作为掩饰“掏空”的面具。

4.1.7　母子公司关系

从 20 世纪 60 年代起，Fouraker & Stopford（1968）；Edstrom & Galbraith（1977）；Alpander（1978）等开始探讨母公司和子

公司关系的问题。20 世纪 80 年代以后由于跨国公司的发展以及跨国公司子公司的地位的改变，该问题引起了更加广泛地关注。

Birkinshaw 等（1998a，2001）在对海外子公司理论进行大量研究的基础上，把已有的理论研究划分为四大学派。Paterson & Brock（2002）将其总结为子公司角色学派、战略—结构学派、子公司发展学派和母子公司关系学派四个学派。

子公司角色学派认为，跨国公司海外企业资源具有较大的异质性和自治权，同时承担着不同的角色，因而需要跨国公司对不同的海外子公司进行区别对待。

子公司角色学派还认为，正是由于在跨国公司全球战略中，其海外子公司所承担的角色不同，所以才能使企业有效地避免在国际化过程中投资的盲目性，进而指导跨国公司的全球战略配置。跨国公司可以根据自身战略需要和特点，把海外子公司进行分类，对不同类型的子公司，建立不同的控制与管理机制，进行适当有效的管理。

战略—结构学派强调母公司是中心导向型的，由公司总部公司进行战略决策的控制，子公司仅局限于当地的销售和生产，没有其他的职能和自治权，并且遵循着严格的等级结构。

子公司不是按照自己的意图行事，完全根据母公司的指示行事，而非自主型机构。母子公司是单向的关系，母公司以相同的管理方式管理子公司，无须考虑子公司意愿。

子公司发展学派理论中隐含了战略管理中的能力学派和资源学派的观点。Birkinshaw & Hood（1997，1998b）认为子公司具有的自主性会影响其在跨国公司内部角色的变迁，以及对母公司的谈判能力高低，子公司发展不是取决于跨国公司总部的意愿和战略构想。他们对美国跨国公司在加拿大和苏格兰的海外子公司进行分析，指出三大主要因素：跨国公司母公司、海外子公司自身以及东道国环境，以及三者之间的相互作用都会改变跨国公司海外子公司拥有的能力和资源，进而导致权力和角色的变化。然而，过于强调海外子公司的主动性和自治权将会危及跨国公司整体利益，并导致个人参与提升（Paterson Brook，2002）。

母子公司关系学派是中心主导型，强调跨国公司决策的正规化和集中性，通过加强子公司的一体化，让子公司服务于跨国公司总部。该学派认为子公司具有一定的影响力和自治权，总部计划的实施受到总部与子公司之间关系的影响，因而总部应让子公司参与到决策中（Hedlund，1994）。

对于跨国公司母子公司关系的研究方法从短期、静态的方法向长期、动态的方法转换；研究视角从单纯依据母公司的指令行事的子公司转向作为智能体、具有主动性和自治权的子公司；研究内容从母公司单方面的控制向母子公司之间相互博弈转变；研究的理论基础也从最初战略结构理论向网络理论、资源能力理论和演化理论转变。跨国公司不再是一个简单封闭系统，而是一个复杂的自适应性系统。

Birkinshaw（1998）总结了子公司角色演化的理论基础，主要包括以下一些理论：国际产品生命周期理论（Vernon，1966）；网络理论（Ghoshal & Bartlett，1990）；国际化过程理论（Johanson & Vahlne，1977）：Rugman & Verbeke，1992）；区域发展理论（Young，Hood & Peters，1994）；决策过程理论（Bower，1970）等。

Paterson & Brook（2002）指出不同国家和地区采取了更加务实的态度，尤其是针对海外子公司对产业集群的发展和当地经济发展的影响，这是子公司发展引发的政策意义。

4.1.8 母子公司连锁董事

作者认为，母公司对于子公司的控制主要通过股权、董事会、人事控制等不同层面展开。股权控制体现了公司的战略意图，全资、控股还是参股，也体现了母公司在子公司中的权益大小。董事会层面的控制，主要是为了贯彻母公司和实际控制人的意志和决策，通过派驻董事，占据董事长的职位，占据董事会多数席位等方式来控制董事会的决策。人事控制主要是在子公司中决定或者派驻关键岗位的高层管理者，包括 CEO、副总经理、财务总监等。

因此，企业集团母公司在子公司董事会中派驻董事，以及这些董事可能在母公司或另外的子公司同时任职的情况越来越多，已经成为企业集团公司治理中的一个常用手段。这种董事通常会被称为“连锁董事”。

目前，对连锁董事的定义通常采用的是 Mizruchi（1988）所提出来的经典定义。连锁董事（interlocking directorates）本质上讲属于一种企业间的网络关系，且日渐成为一种重要的形式。通常，作者认为连锁董事指的是作为一个自然人的个体，在两家或者两家以上的企业的董事会中担任着董事的职务，由此形成的企业之间的联系。

连锁董事所具备的特征主要涉及如下几个方面：第一，其同时担任董事的企业数目存在不同；第二，在企业中，连锁董事所发挥的作用与其所处的职位的差异密切相关；第三，连锁董事不仅可以是本企业与其他外部企业之间的，也可能存在于企业集团内部母公司与子公司之间。

企业集团连锁董事主要是指由集团总部指派董事去其所控股的公司或者参股的子公司负责相关职务。通过安排连锁董事，主要是为了实现对这些公司的实际监督和控制，并有利于集团控股公司之间信息的高效传递，进而影响这些公司的决策。

陈健、雒丹（2016）对母子公司连锁董事进行了研究。作者发现连锁董事存在的相关理论研究包括：互惠理论，金融控制理论，资源依赖理论，监督控制理论和个人事业推进论等。

母公司派驻人员去子公司任职连锁董事更能强化自身对子公司的控制能力，有利于集团公司信息的传递和知识转移，对公司绩效产生着重要影响。

4.2 企业集团与上市公司之间关联交易研究

作者根据wind数据库统计了2007～2014年上市公司和企业集团之间的关联交易情况（见表4－1），其中不包括与其他关联方的关联交易。从统计中发现上市公司与集团公司之间的关联交易数量呈上升趋势，平均每个公司每年的关联交易数量从2007年的1.43次上升到1.91次。

表4－1　　上市公司与企业集团之间关联交易统计（2007～2014年）

年度	关联交易总数	涉及的上市公司数量	平均每个公司每年的关联交易数
2007	694	485	1.43
2008	766	527	1.45
2009	737	515	1.43
2010	1107	714	1.55
2011	1918	1082	1.77

续表

年度	关联交易总数	涉及的上市公司数量	平均每个公司每年的关联交易数
2012	2521	1290	1.95
2013	2397	1236	1.94
2014	2506	1312	1.91
合计	12646	7161	1.77

注：数据来源于 wind 数据库。

上市公司和企业集团之间的关联交易包括商品购销、借贷、担保、股权转让、债务重组、股权收购、运输服务、租赁等。本书研究的内部并购也是上市公司和企业集团之间关联交易的一种类型。

4.2.1 不同控制权下关联交易的影响和治理机制

上市公司关联交易行为从我国资本市场诞生开始，就成为资本市场发展中的一个重要问题。2010 年发生关联交易公司占全部上市公司的比例为45%，2011 年是61%，到2012 年，关联交易公司增长到 1721 家，占 70%；2005 年上市公司关联交易总金额为 1064 亿元，2012 年则为 4.24 万亿元，总额增长 38.8 倍，关联交易公司平均交易金额年增长率为 51.8%（算术平均值）（汪健，2014）。

从宏观上看，尽管我国税法、会计准则、公司法、交易所、证监会都对关联交易的实施，以及信息披露给了一些具体规定。但在交易所和证监会发布的处罚公告中，因违规的关联交易而受到处罚的上市公司只占总违规被处理事件的 12%。从“银广夏”“琼民源”到“郑百文”“济南轻骑”等财务舞弊事件，都与关联交易有关。从微观层面上来看，关联交易对上市公司的盈余质量、财务状况以及中小股东的利益形成直接的影响。

关联交易大体可以分为三类：

第一类关联交易（包括购买与销售商品、提供与接受服务）、第二类关联交易（包括资产类交易和股权类交易）和第三类关联交易（担保和抵押）。

第一类为经常性交易，上市公司利润表的表内项目会受到影响；

第二类为非经常性交易，上市公司利润表的表外项目会受到影响；

第三类为表外交易，不在会计报表内显示，但会形成上市公司的或有负债，高雷、宋顺林（2007，2008），杨蓉（2015）。

李增泉等（2004）发现在剥离上市的过程中我国国有企业都将核心的资产用于上市，而非核心资产留在了母公司。上市公司被国有控制的控股股东占用的资金高于非国有控制的上市公司，因此上市公司更需要支持非核心的资产。唐清泉等（2005）发现由老企业的一个或数个生产车间拼凑而成的一些我国的上市公司，这样拼凑的公司其实不具备独立自主经营的能力。很多上市公司的销售渠道以及供应链都由其大股东控制，上市公司的第一大股东的股权比例与关联购销都呈显著正相关。

杨蓉（2015）认为第一类关联交易在"掏空"特性方面具有两大优势：（1）终极控制人很容易用第一类关联交易占用上市公司资金，实现个人利益，关联商品和劳务的交易可以产生资金占用；（2）购买和销售都具有"掏空"机会，终极控制人既可以通过向上市公司高价销售商品和服务来实现控制权私利，也可以通过低价购买上市公司商品或者服务获得控制权私利。

第二类关联交易同样具有购买和销售双向"掏空"机会，在"掏空"特性方面与第一类关联交易存在相似性，通过第二类关联交易终极控制人同样也可以进行资金占用。另外，对于原国有行业系统中优质资产的代表，国有控股上市公司相对于非国有上市公司，终极控制人为让上市公司能更好地支持其他国有资产，更加会通过关联资产交易的方式，向其控制的上市公司输送优质的资产，或者消化其不良资产。

在第三类关联交易上，关联担保也是“掏空”的方式之一，大股东除了用关联交易、资金占用的手段之外。高雷、宋顺林（2007）认为针对上市公司的众多“掏空”形式中最恶劣的一种就是关联担保。罗党论等（2008）的研究发现，由于自然人“掏空”获得的好处最后是属于其私有财产的，因而自然人通过“掏空”行为实现自身利益最大化的动机更强。

王德武等（2008）发现涉及关联担保的上市公司中，民营企业的数量要明显比国有企业多。刘运国等（2009）的研究发现，民营企业相对于国有企业，有着更强烈的对上市公司信用的侵占需求。宋理升等（2011）研究发现上市公司给其控股的股东提供担保，控股股东因而更容易获得银行贷款，一旦控股股东违约，上市公司就不得不背负还款义务；即使其控股股东的贷款没有违约，这也形成了对上市公司资源的实质上的侵占。杨蓉（2015）认为对上市公司的“掏空”方面第三类关联交易有两个优势：终极控制人可以直接而快速地实现利益，关联担保的“掏空”性更为直接，而上市公司并没有受到直接影响。关联担保属于表外项目，不会影响上市公司的财务报表。

肖珉（2010）利用中国证监会 2007 年上市公司公司治理专项调查结果所提供的数据信息，研究了上市公司的关联交易问题。从 Stulz 的双重代理理论出发，肖珉依据上市公司的终极控制人进行分类，将上市公司的控制股东分为地方政府股东和私人股东，并且检验了这两类上市公司在关联交易上存在的差异，考察了在不同产权安排下政府代理问题与内部人代理问题的治理和作用机制。

Stulz（2007）认为外部股东存在双重风险：一是政府代理问题，即政府官员相机决策的代理问题。投资者都受到政府制约，通过牺牲公司收益为代价政府官员最大化其自身的利益；二是内部人代理问题，即内部人相机决策代理问题。内部人为谋求自身利益的最大化，剥削少数股东，而非以最大化全体股东利益为目标。

肖珉（2010）的研究发现，私人、法人、中央政府、地方政府控制的上市公司，其发生经营性关联交易的概率依次上升，上市公司被地方政府控制的经营性关联交易最多。在上市公司被地方政府控制时，控制权的影响比较小，对现金流权的影响也明显下降。在上市公司被地方政府控制时，市场与政府的良好关系以及市场化程度有可能降低经营性关联交易发生的概率。但在上市公司被私人股东控制时，市场化产生的作用显著下降。如果上市公司被私人股东控制，私人股东的控制权越大，发生经营性关联交易可能性越大；而当私人股东的现金流权越大时，经营性关联交易发生的可能性越小。控制层级与财务性关联交易发生的几率总是呈现正相关关系，无论控股股东是谁，包括现金流量权、法治程度及市场化的影响。在政府控制和私人控制的上市公司中，法治程度都能减少经营性关联交易的发生几率。

肖珉（2010）发现政府（尤其是地方政府）控制的上市公司的公司政府代理问题比较严重，法治和正确定位的政府角色是府代理问题的解决方法。私人控制的公司内部人代理问题较为严重，法治与现金流权则是内部人治理的有效机制。两种代理问题的激励约束机制和作用机理都不相同。

Johnson 等（2000）认为关联交易如果以“掏空”为目的，

会对中小股东的合法权益损害严重，并且会降低公司价值，表现比较明显的是在投资者保护较差的地区。而且 Claessens 和 Fan (2002) 发现即使是在投资者保护较好的地区，集团内部的关联交易也可能成为控股股东利益侵占的主要方式。外部市场的监督和投资者的识别受到很大影响，由于集团内部具有更复杂和隐蔽的产权关系，并且有更高的信息不对称程度，这些给控股股东提供了很好的途径从集团成员企业中将现金和利润转移给自己。

郑国坚（2009）采用盈余反应系数模型和盈余管理模型对企业的盈余质量进行衡量，他发现关联交易更多地体现为“掏空”效应，在我国特殊的制度环境下，会计盈余质量与关联交易程度负相关。

陈晓红、陈杨（2011）认为当控股股东在自利动机的驱使下影响关联交易时，其关联交易就成为了大股东侵占上市公司利益的工具。比如利用非公允的价格，控股股东从上市公司中转移资源及利润，或者控股股东利用增发或配股进行盈余管理行为，这些都会使得上市公司业绩下滑，盈余的质量下降。

利用 2009 年的横截面数据，他们实证分析了不同的关联交易类型对盈余质量的影响。他们发现在控股股东集团与上市公司之间发生的关联交易，已经成为大股东对上市公司“掏空”的手段，盈余质量下降，呈现“掏空效应”；在非控股集团与上市公司之间发生的关联交易，使得交易成本下降，信息不对称的程度得到了缓解，盈余质量得以提高，呈现“效率促进效应”。

以非金融类的沪深上市公司为样本，顾乃康、万小勇（2011）分析了投资者、现金持有水平与关联交易之间的关系，发现上市公司的关联交易与现金持有水平显著正相关，说明大股东“掏空”的关联交易形成的侵占与上市公司的现金持有水平正相关；关联交易与现金持有水平之间的正相关关系，在投资者保护较差的公司表现得更强，说明要约束大股东利用关联交易把现金从上市公司转走，需要有效的投资者保护体系，才能够起到作用。

许荣等（2015）研究了我国企业集团中内部支持和“掏空”的工具差异、时机选择和经济后果。他们发现当面临退市风险时，上市公司的控股股东会同时提供非融资类和融资类的关联交易方式作为对上市公司的支持；但是一旦控股股东自身财务出现困难时，上市公司会通过融资类的关联交易给控股股东支持，集团内部成员间形成了，以并不对称的“掏空”和支持行为形成的互动机制，所构成的相互保险的形式。他们还利用证监会对于关联交易监管政策的变动，所产生的外生冲击进行实验研究，结论认为对于关联交易监管当局应当采取相机监管的政策。

因此，关联交易是“支持”还是“掏空”，大股东的自利行为是其本质的决定因素。所以，目前亟待解决的问题是形成股权制衡，改变大股东一股独大的局面，规范和约束控股股东的行为，加强保护投资者方面的法律法规建设，从而促进资本市场的健康稳定发展。

4.2.2 关联交易与企业集团信用风险

利用 2002 ~ 2006 年 CCER 数据库的样本，以及其划分的 29 个关联交易分类，肖珉（2011）分析了企业集团下属的上市公司的关联交易数据（见表 4 - 2），总结出企业集团关联交易的频率和类别的特征，以及企业集团信用风险与关联交易之间的逻辑关系。

表 4－2　122 家企业集团关联交易次数（2002～2006 年）

年份	关联交易次数	平均关联交易次数
2002	924	7.57
2003	1015	8.32
2004	970	7.95
2005	1316	10.78
2006	1394	11.43

数据来源：肖珉、周宗放、陈林："我国企业集团上市公司关联交易频率特征分析"，《管理评论》，2011 年第 23 期。

通过对我国企业集团下属的上市公司的，关联交易的频率特征的统计分析，肖珉发现每个企业集团的关联交易的次数，符合负二项分布。关联交易次数太少或者太多时属于异常现象，此时关联交易的次数是远离负二项分布的均值的。关联交易太少的话，说明企业集团内部的企业之间的经济合作不好，企业集团优势得不到发挥，或者协作能力会存在一定的问题。关联交易太多的话，会增加企业集团利用关联交易行为转移资产或者虚增利润等的风险；无论关联交易过多还是过少，企业集团的信用风险都可能会间接或直接地增大。

4.3　系族企业集团及其治理问题

4.3.1　我国系族企业的存在和成因

系族企业集团是东亚国家经济中的一个典型现象，是一个特殊的企业集团类型。其在特定历史背景下产生，学者也给出其特有的涵义。

近年来，在我国也出现了不同类型的系族企业集团（见表4-3）：有民营的也有国有的系族企业集团。据《新财经》统计，中国资本市场从2000年开始，掀起了一场“造系运动”。至2003年，我国出现了大约40家系族企业集团，关联上市公司达200余家。

表4-3 集团以及旗下所属上市公司构成表

企业集团	系族名称	数量
国营	首创系、建发系、远大系、青鸟系、北大系、普天系、招商系、蓝星系、西安交大系、天发系、清华系、华润系、鲁能系、三九系、上实系	15
民营	朝华系、农凯系、横店系、金信系、斯威特系、希望系、华立系、德隆系、东方系、万向系、东欧系、实德系、复星系、中广系、泛海系、涌金系、爱建系、鹏润系、格林柯尔系、鸿仪系、泰跃系、明天系	22

杨建荣等人（1997）研究我国“系族”企业比较早，他们发现企业集团或者大型公司采用金字塔式的控股结构形成企业系族，并由此来间接或直接地获得多家上市公司控制权的组织模式。

通过对个别系族企业的调查，宁向东、陈宁（2005）发现开始时一些企业主要是为了企业从整体发展，通过造系以谋求更强的竞争力或者更有效地分散风险。但实际控制人每每在系族结构形成以后，进行了不同程度的圈钱活动，对中小股东的实施了资本掠夺。

宁向东、陈宁（2005）确认了37个系族和114家上市公司，并以此为研究样本，同时选择了一个对照组来对两者进行对比研究。他们发现系族企业在盈利结构、股权结构和股利行为等方面，明显与对照组不同。

胡经生（2009）发现自1999年之后“一控多”的现象在我国资本市场上大量出现。他所研究的“一控多”，与市场上所称的“××系”类似，是指某实体（包括国有、民营或者外资），控股或实际控制两家或两家以上的上市公司，且其中至少有一家上市公司在境内的情况。他认为控股或实际控制有两种情况：一是以间接方式实际控制上市公司，但不构成上市公司的间接或直接控股股东；二是拥有实际控制权，直接或间接控股上市公司。

截止到2005年年底，在上海和深圳上市的企业中共有123个“系”，涉及367家上市公司，为当时上市公司总数的27%。其中，47个民营“系”，掌控了113家上市公司，绝大多数为家族控股，由职工持股会等实体控股的占少数；76个国有控股的“系”，涉及254家上市公司，国务院国资委控股的占了大部分。

最终控制人与上市公司中间有不同的层级，一般为两到三个层级，少数“系”有四层中间层级。其中，国有“一控多”中，与民营的“系”相比层级通常要少一些，民营控股“系”的中间层级普遍较多，即国有“一控多”金字塔式的股权结构不如民营“系”明显。最终控制人通过控股多家公司，由多家公司同时持股控制上市公司，形成多重持股，本质上多重持股是金字塔式结构中一种较复杂的形式，多重持股的“系”有57个。

系族企业形成的原因，胡经生（2009）认为有以下五个：①通过“一控多”来解决融资渠道不畅的问题，构筑企业内部的资本市场；②非流通股在场外通过低价进行协议转让，也为“一控多”的形成创造了条件；③机构大户通过给上市公司制造各种“题材”，通过“一控多”的方式在二级市场获利；④由于法律法规不健全，“一控多”过程中的不规范操作无法得到约束；⑤实业集团通过“一控多”的方式在证券市场上进行产业的整合。

综上所述，“一控多”或者系族集团产生的原因主要有：由于股权分置的制度背景下，国有股以净资产，而不是市场价格进行低价的场外协议转让；法律法规不健全，监管不严等外部制度环境；国资管理体制改革的推动；大批民营企业存在产业整合二级市场获利、融资等动机。在这些综合因素的推动下，产生了系族集团这一现象。

4.3.2 我国系族企业的特征

宁向东、陈宁（2005）发现系族企业有三个特征：

（1）在盈利结构方面，非主营的部分占比较大，系族企业通过非主营利润的方式来提高和操控公司盈利。

（2）在股权结构方面，股权一般比较分散，控制上市公司是用比较低的成本建立金字塔结构；而加入系族之后，上市公司股本会很快扩张。

（3）在融资方式和股利行为上，更偏好于股权融资。系族内的公司不喜欢派发现金股利，更喜欢用股票股利；即便派现，往往也是为满足配股要求。

胡经生（2009）认为“系族”企业具有以下特征：民营“系族”更倾向于多元化投资；对系属上市公司的控制，控股股东采用金字塔式，民营系控制权与现金流权的分离程度，往往会大大超过国有系；部分“系族”控股或参股的金融机构，已经具备金融控股集团的初步形态。

4.3.3 我国系族企业的“掏空”和支持行为

以“系族企业”为研究样本，用“过度投资”和“投资不足”进行分组，袁奋强（2015）运用投资现金流敏感性模型，来分析“系族企业”内部的资本市场资本配置行为。他发现在“过度投资”组，内部资本市场的资本配置功能未变为“掏空”上市公司的工具，“系族企业”并不存在通过跨部门的交叉补贴方式，来增加过度投资的问题；国有“系族企业”不存在无效的企业内部的相互交叉补贴，民营“系族企业”资本的有效配置，是通过内部资本市场的资本转移来实现的。在“投资不足”组，资本跨企业补贴在“系族企业”中总体上得到有效的实现；利用内部资本市场，国有“系族企业”能够实现其资本配置功能，但是民营“系族企业”内部资本市场更可能变为掏空的工具，不能有效发挥其资本配置的功能。

对成员企业，以及总体现金持有水平来说，“系族企业”内部资本市场有三个方面的作用：

首先，企业集团的资产规模远大于其下属的每个单个企业，企业集团进行多元化经营；除了其核心业务之外企业集团还有大量的非核心业务，当外部环境恶化时，母公司通过出售非核心资产，来防范资金短缺的风险。

其次，各业务单元（子公司）在企业集团中并非完全相关，母公司在内部投融资决策中，可以用一个子公司的经营净现金流及持有的现金，用于另一个子公司的项目投资。

最后，Prezas（2009）指出除了形成总部与分部之间的第三类委托代理问题，内部资本市场也加剧了大股东与中小股东之间的第二类委托代理问题。大股东基于“掏空”的目的，更倾向于增加成员企业现金持有量和负债。

总体来看，“系族企业”内部资本市场存在两个副产品：代理效应和多钱效应。其中多钱效应包括前两个方面，同时融资能力更强，能够放松企业融资约束，缓解投资不足的问题。而这两个效应对企业的现金持有水平，都会产生重要影响。

从早期的“德隆系”“蓝星系”到“格林柯尔系”，这些“派系”通过构建企业集团扩张进入多个行业、并且大规模地进行产业整合。然而，随着“德隆系”的崩塌、“鸿仪系”和“格林柯尔系”先后暴露出严重问题。

以我国上市公司中的“派系”企业作为样本，采用实证检验的方法，肖星、王琨（2006）探讨了集团模式多元化经营的效果。他们发现在集团层面实现多元化，而成员企业经营单一业务的经营模式，显著提高了成员企业的价值。同时，政府机构作为最终控制人的集团或者控股股东对成员企业拥有控股能力，采用这种多元化经营模式的概率明显比较低。这两类集团中多元化经营对成员企业价值的正面影响也相对较弱。

在目前我国市场机制尚不完善的环境下，他们认为集团化的经营模式有利有弊。应该尽量避免集团最终控制人对成员企业拥有过高的控制权，来避免集团的负面影响。此外，可以考虑把国有股权逐步向民营化，民营资本接管一些国有股权，来避免“内部人控制”和“所有者缺位”等问题。

4.3.4　我国系族企业的内部资本市场研究

企业内部资本市场理论是新制度经济学中企业理论的组成部分，同时也是目前公司金融领域的重要研究方向。

尽管我国国有企业集团居多，但改革开放之后，一些民营企业逐步壮大，并演变成企业集团，如“万向系”“复星系”等。民营企业融资难的现象在我国非常普遍，民营企业在股权融资和债务融资上，都受到比国有企业更多的体制性歧视（孙铮等，2005）。因此，民营企业具有强烈的动机，通过内部资本市场的构建来缓解外部市场的融资约束。

实际操作上，我国民营企业集团往往是以上市公司作为资本运作的平台，为控制更多的公司，通过拆分或并购的方式来实现，构建内部资本市场的动机和特征明显。

最终控制人更多的是运用“金字塔”结构对民营企业集团内的各个公司进行控制（Fan et al.，2007）。通过这种结构许多企业形成了系族，多层次的内部资本市场是由系族内众多“子公司”“孙公司”而构成。

国有大型企业集团大多是由联合改组或行政机构演变而成，并非是出于单纯的经营目的由控股股东操控下形成，其内部资本市场特征没有民营企业集团那么明显。

要分析政府“系族企业”的内部资本市场（ICM）配置效率和机制，其中分部相关性是一个重要视角。根据不同的角度分析，分部相关性也不同。

自20世纪70年代以来，分部间相关性已成为分析企业内部资源配置的重要视角，正在逐步规范。协同效应受到分部间相关性的重要影响，分部相关性对集团企业核心竞争力和管理水平有重要的促进作用。一方面分部与分部之间互有影响，另一方面分部相关性也影响着总部的投资决策。对企业内部资源配置效率，分部相关性有显著影响。内部资源的配置存在多种形式，但核心是资金的配置，而企业集团可以形成内部的资本市场，与外界截然不同。

采用熵指数法和“适者生存”组合法，夏南强、宋硕（2014）分别度量了政府管理下的“系族企业”的分部相关性。以政府系族中上市公司的面板数据为基础，他们分别按照地方政府系族和中央国有系族进行实证检验。他们发现分部相关性对内部资本市场配置效率的影响，在地方政府“系族企业”和中央国有“系族企业”之间存在显著的差异。从内部资本市场配置效率来看，地方政府系族的内部资本市场是外部资本市场的替代，在成员企业的资金配置中起着更为重要作用。中央国有“系族企业”对多元化相关度的变化较不敏感。原因可能是国有企业面临的融资约束较小，内部资本市场在“系族企业”资金配置中的作用较弱。

现金持有量、实际控制人平均持股比例、主营业务收入、自由现金流等变量也会显著影响内部资本市场的配置效率。内部资本市场配置效率与实际控制人的平均持股比例正相关；低持股比例诱使实际控制人利用内部资本市场实施“掏空”行为。现金持有量、主营业务收入、自由现金流越高，表明“系族企业”的现金流情况好，而政府系族的内部资本市场也具有较高的效率。

外部环境影响着内部资本市场的运行（Rajan and Zingales, 1998）。内部资本市场的运行机制在不同的外部环境下，可能会有所不同。内部资本市场的存在在常态经济运行环境下，企业集团内可能出现“交叉补贴”；而在金融危机冲击下，系族内各成员公司可能会忽略兄弟公司的困境，主要规避自身的风险。

4.4 企业集团的内部资本市场

在 20 世纪 70 年代 Alchian 首次提出了内部资本市场的概念。Williamson（1975）研究认为集团内部资本市场有三方面优势：第一，内部资本市场能实现资金的优化配置，更迅速地转移和配置资源；第二，在信息的真实性、及时性、准确性等方面内部资本市场具有优势，并能更好地适应外部资本市场；第三，可以规避一些法规的限制，内部资本市场也能实现合理避税。

4.4.1 企业集团内部资本市场的配置方式

关于内部资本市场在企业集团的配置方式，国内外学者有不同的观点。

Triantis（2004）将企业集团内部资本市场配置方式分为五种类型：

（1）一个项目的现金被用于另一项目；

（2）抵押一个项目的资产，为另一个项目融资；

（3）一个项目的出售所得用于另一个项目；

（4）项目之间按内部价格交易产品和服务；

（5）两个项目一起承担某项支出。

魏明海、万良勇（2006）结合我国企业的实际情况，将内部资本市场配置方式分为9种情况，这种分类比较全面地概括了，我国企业集团内部资本市场的配置行为。包括：①集团内部资金借贷；②集团内担保；③集团内资本配置行为驱使下的产品和服务往来；④集团内资产和股权转让；⑤集团内委托投资和增资；⑥垫付款项；⑦集团内委托租赁存款；⑧集团内融资性质的票据贴现；⑨集团内资产租赁。

冯丽霞（2006）按照交易现金流情况将内部资本市场交易形式分为直接和间接的现金流互补交易；按照交易范围将内部资本市场交易形式分为内部交易和参与外部资本市场的交易；按照交易是否通过中介将其分为直接和间接交易。

王峰娟（2009）按照运行方式将内部资本市场包括由分部间直接交易、内部中介完成的交易、内外部资本市场之间的交易以及总部直接完成的交易，如偿还借款、支付股利等。

4.4.2 企业集团内部资本市场效应研究

(1) 内部资本市场的正面效应

在提出内部资本市场时，Alchian 和 Williamson 就明确指出内部资本市场可以有效缓解信息不对称，具有信息优势。

Myers 和 Majluf、Stulz 等比较早地论证了企业内部资本市场可以有效缓解融资约束。

Gertner 等（1994）认为外部资本市场和内部资本市场在本质上不同：外部资本市场不是资金使用部门的所有者；作为资金使用部门资产的直接所有者，并拥有剩余控制权，企业总部能够实施对资金的分配和有效监督部门管理者。正因这一本质区别，进行优秀项目的挑选中，与外部资本市场相比企业总部有更大的动机和权力，即“优胜者选拔”（Stein，1997）。

杨棉之、孙健、卢闯（2010）发现无论是民营还是国有企业集团，活跃的内部资本市场普遍存在；民营企业集团的内部资本市场的配置效率要明显低于国有企业集团的配置效率；但是企业集团内部资本市场的配置效率普遍不是很高。

(2) 内部资本市场的负面效应

内部资本市场的负面效应主要体现在下属经理人员寻租、跨部门补贴、利益侵占和过度投资等方面。企业总部在资源再配置时，由于信息不对称和代理问题的原因，出现资本配置平均化的现象，相对好的部门投资不足，而相对差的部门却投资过度。Lamont，Shin 和 Stulz 证明了在部门之间存在交叉补贴现象。Scharfstein 和 Stein 采用双层代理模型发现大企业内部存在着一种“社会主义”的现象，部门经理会通过寻租行为影响

CEO 的决策，以便实现其私人利益的最大化，从而造成了资本的低效率配置[①]。

集团总部可以通过内部资本市场的控制更多的资源，因此其寻租行为可能会加剧。Stulz 认为在收益不好的项目上，自由现金流丰富的企业容易进行过度投资。多钱效应会使得内部资本市场的过度投资问题变得更加严重。

Khanna 指出控股股东可能会通过关联交易等较为隐蔽的方式，借助集团内部形成的资本市场和要素市场，“掏空”上市公司。控股股东越来越多地采用内部资本市场的运作进行利益输送，借助内部资本市场的隐蔽性，利用自己的控制权去掠夺债权人和中小股东的利益。后者这种负面效应被我国学者称为内部资本市场的功能异化。

总之，内部资本市场的效应是这些正面效应和负面效应共同作用的结果。内部资本市场能够增加企业的价值，是当正面效应大于负面效应时，反之亦然。

4.5 企业集团网络组织研究

社会学家们从 20 世纪 50 年代开始，关注人类的不同社会群体之间的各种关系。网络的关系结（knit）概念，由英国学者最早提出，社会网络是社会领域中行动者之间联系的总和。逐渐形成了一套网络结构分析方法，来作为社会网络的测量工具。该分析方法被广泛应用于社会学研究，来分析组织之间、个体

① Scharfstein, Stein. The Dark Side of Internal Capital Markets Divisional Rent-Seeking and Inefficient Investment [J]. The Journal of Finance, 2000 (6): 2537 - 2562.

之间和群体之间的各种关系。

组织为了生存发展，在复杂的网络中，必须不断地通过网络进行资源与信息的交流，建立与维持关系。其他成员的关系在组织与网络中，不仅影响了企业的外部环境和目标体系，也影响了企业的生存方式，网络关系的连结动机为：实现降低风险、资源互补、降低交易成本、提高组织学习、能力互惠双赢等。

企业集团是以一个或多个具有投资中心功能、实力强大的大型企业为核心，以若干个在资产、资本、技术上有密切联系的企业、单位为网络节点，通过人事安排、产权关系、战略规划等纽带所形成的一个稳定的组织形式。企业集团与其他的组织形式相比，兼具层级和网络的特性。

企业集团网络是由集团总部与一群目标各异、地理分散的子公司所组成的嵌入于当地供应商、顾客、管理部门等利益相关者组织所形成的网络体系。它是由母子公司之间建立在股权基础上的纵向关系和子公司间的横向合作关系构成。

子公司网络是指子公司的连结构成和所有关系。以母子公司企业边界为划分依据，子公司网络可以分为外部网络和内部网络。外部网络是指与子公司之间具有长期协作关系的母子公司外部独立企业集合体。一般由本地的供应商、竞争者、客户、金融机构、科研院校以及地方管理部门等构成。内部网络是指子公司与母子公司内部其他组织单元（包括母公司和其他子公司）构成的连结和所有关系。这种网络关系的形成是在当地化的经营过程中，子公司与当地的相关组织发生交互作用，形成持久关系的结果。是子公司成长过程中母子公司追求持续成长和对外部环境适应的一种体现。

企业集团的外部经营环境和内部性质随着经济全球化和网

络化的深入，发生了重大的变化，以何种关系来适应外部环境成为母子公司一个非常重要的问题。企业集团母子公司并不是作为单独的组织形态存在，是与外部成员相互影响、相互依赖组成一个“开放的系统”。

企业集团实质上是介于网络结构和层级结构之间的一种特殊组织结构形态，同时具有组织间网络和单一制企业的特点，可以被看成为一种特殊的组织间网络。其最核心的组织特征是企业集团内部成员之间具有高度复杂的相互依存关系。

企业集团母子公司的关系已经从单一的母公司与子公司之间的关系，演变成为内部多样化或差异化的网络，这个网络通过不同的关系所联结的资源而构成的，其研究视角也从层级视角向网络视角转变。在网络化关系中，作为网络节点的母公司和子公司，相互依存。并且，母公司和子公司在网络关系的作用和地位也发生了变化。

利益相关者通过协调与合作形成的特殊网络组织构成了企业集团网络。从组织特征来看，除少数的子公司拥有极端的自主权，子公司只拥有部分的自主权，大多数的母公司的科层权力仍然很大，但是这种层级结构权力并不能导致母公司对子公司的绝对统治。在大型的、相互依赖的、分散的企业集团中，子公司的自主决策权和层级权力并存，企业集团网络化发展出现的新问题无法用已有的理论解释。企业集团网络内外普遍存在的关系是各种利益相关者之间的相互依存、相互联系关系。这种关系既具有隐性特征，也有显性特征。企业集团网络化结构及其网络关系受到信息结构、外部环境和信息技术的变化所致，是一种外在的显性关系。从隐性的角度看，与其他社会行为一样，企业的经济行为不是孤立存在的，而是在社会网络之中深深地嵌入，是一种内在的隐性关系。

社会网络是一系列社会关系和拥有一定资源的行动者构成的集合。在企业集团网络中，母子公司之间的关系是社会关系存量，这种社会关系存量由诸多因素综合作用积淀下来，而不仅仅是纯粹的经济关系存量。如在企业集团网络中上游企业为下游企业作专用性投资前，必定要评价双方在过去交易中，所积淀下来的人际关系存量等因素。通过社会关系网络，企业集团的利益相关者可以获得他们所需要的信息和资源，所有这些最终归纳为经济行为的社会根植性，将使企业集团网络内部来自科层的行政权力的有效性下降。

企业集团网络是具有正式权力和组织结构的特殊组织间网络，也可以称之为是介于没有产权联系的和科层结构典型组织间网络之间的一种组织制度安排。

网络强调确立成员间的互动关系，并借助该互动关系以取得竞争优势；从企业管理的角度来看，集团是由母子公司之间、以及各子公司与当地相关组织的交易关系所组成的实体。子公司的交易网络关系可以分成两类，一是组织外部交易，即子公司与当地供货商、顾客、同行或其他相关组织的交易关系；二是组织内部交易，也就是集团内部子公司与母公司、子公司之间的交易关系。

4.6 子公司主导行为研究

随着整个企业集团竞争优势中子公司的贡献逐渐被认可，有关子公司主导行为、创新、子公司创业精神等的研究也越来越多。见表4－4。

表 4 – 4　　子公司主导行为的定义汇总

学者（年代）	定　　义
Kanter（1982） Miller（1983）	企业使用或拓展其资源来发展一项独立的、主动的事业
Birkinshaw（1997）	主导行为在本质上是一个创业过程，起始于机会的确认欲获得投入此一机会所需资源的承诺
Birkinshaw，Hood & Jonsson（1998）	子公司主导行为是子公司追求市场机会的一种创业精神，且子公司能投入本身独有的资源
曾志弘（2001）	子公司主导行为表示企业子公司所展现出来的一种创业过程，从机会的确认、利用与扩展现有资源以回应机会，但是此种行为不是企业母公司规定子公司必须要执行的，因此是子公司一种自主的创新行为，包括产品的修正、新产品开发、过程的创新、主动争取企业内部方案、组织流程的变动、行销活动的创新等

子公司主导行为是指企业集团子公司的一种创业过程，从配置现有资源、机会的确认与利用来回应机会，但是该行为不是企业集团母公司强制子公司执行的，因此是子公司的一种自主创新的行为，包括新产品开发、产品修正及生产的创新、组织流程的变动、主动争取企业集团内部方案、营销活动的创新等。

子公司在当地获取特殊资源，寻求在企业集团网络中占据中心节点的位置的子公司主导行为，原因是子公司一旦可以处于中心节点的位置，即可得到客观的利益，包括奖酬、财务绩效、能力被认可等，可以获得与母公司相同甚至更高的位置；在企业集团整个网络中子公司如果具有主导行为，会取得相当重要的地位，那么在当地市场子公司也会被认为是有贡献的。见表 4 – 5。

表4-5 子公司主导行为影响因素汇总

	因素群	因素名称	对子公司主导行为的影响
内部网络	企业集团母子公司整体层面因素	母公司对子公司主导行为的态度	企业集团越抗拒子公司创新行为，子公司主导行为程度越低
		企业集团内部市场	内部市场健全促进子公司主导行为有正面影响
		集团内部文化差异	文化差异越大，子公司主导行为程度越高
		母公司的集权程度	集团母公司的集权将降低子公司主导行为
		规范性整合程度	规范性整合程度对子公司主导行为有负面影响
内部网络	子公司的自身因素	子公司资源丰富程度	子公司拥有资源越丰富，子公司主导行为程度越高
		子公司地区回应程度	地区回应程度对子公司主导行为有正面影响
		子公司相对能力	子公司相对其他子公司能力越高，企业集团越可能让子公司承担责任
		子公司自主权	自主权对子公司主导行为有正面影响
		子公司创业精神	创业精神对子公司主导行为有正面影响
	子公司在企业集团网络中的特质	中心性程度	子公司与母公司或与其他子公司之间的互动越频繁，则子公司在企业集团网络中的中心性的程度越高，子公司主导行为程度越高
		可替代程度	当子公司与其他子公司处于结构同位时，子公司在企业集团网络中被替代的程度越高，子公司主导行为程度越低
		嵌入程度	子公司嵌入于地区程度越高，子公司自主权越高

续表

	因素群	因素名称	对子公司主导行为的影响
内部网络	母子公司之间的关系特质	母公司对子公司的程序公平程度	母公司对子公司的程序公平程度对子公司主导行为程度有正面影响
		与母公司沟通程度	沟通程度对子公司主导行为有正面影响
		子公司相互依赖程度	子公司研发知识越不依赖企业集团，越能发现新机会，主导行为程度越高
外部网络	当地环境	区位优势	区位优势对子公司主导行为有正面影响
		当地市场竞争程度	当地市场竞争程度对子公司主导行为有正面影响
		当地政府支持程度	当地政府支持对子公司主导行为有正面影响
		当地环境动态程度	当地环境动态程度对子公司主导行为有正面影响，环境动态性越高，则子公司主导行为程度越高
	产业环境	子公司所属产业全球化程度	全球化程度对子公司主导行为有正面影响

5 企业集团内部并购的目的和动机研究

5.1 企业外部并购的动机研究

对于企业或企业集团的外延式并购，对其并购动机的研究很多。作者将国内外对于外部并购的动机进行了汇总。

5.1.1 国外学者对于并购动机的研究

国外学者的研究可以将并购动机归纳为以下一些理论：

（1）效率理论

该理论认为企业并购就是为了获取协同效应。通常有三种协同效应，财务协同、运营协同和管理协同。按照该理论运营协同主要来自于规模经济、效率差异和市场竞争力的提高。管理协同效应，是指如果一家企业有一个高效率的管理队伍，便可以通过并购一家管理效率较低的企业的方式来进行“管理溢出”，从而使其额外的资源得到充分利用。

财务协同效应认为，在具有很多内部现金但缺乏好的投资机会的企业，与具有较少内部现金，但很多投资机会的企业之间，兼并显得特别有利。因为在企业外部募集资金，需要很大一笔交易费用，而通过兼并，就可以低成本地使资本在企业内从低回报项目，流向高回报项目。

这一理论在解释混合并购的原因时具有较强的解释力，但在解释水平并购和垂直并购的原因时却显得缺乏说服力。

但是财务协同效应受到质疑，研究发现没有证据表明财务协同有利于降低系统风险或更好的内部资本市场（Rumelt，1986；Montgomery and Singh，1984）。管理和运营效应却被认为很少实现（Kitching，1967；Porter，1987）。

（2）市场势力理论

该理论认为并购是为了获取市场势力，兼并可以提高企业相对于同行业其他企业的规模优势，使企业在市场控制能力上超过竞争者从而获得竞争优势（Scott，1982；Rhoades，1983；Jensen，1984）。

（3）市场低估理论

这一理论认为收购者比股票市场更了解目标公司的价值（Steiner，1975；Holderness and Sheehan，1985；Ravenscraft and Scherer，1987）。收购方可能拥有唯一的关于从合并目标公司业务后可以获得的可能的优势的信息。资本市场上只有公开的信息，而收购者可能有私人信息，通过他的收购出价来揭示目标公司的价值。股票市场的价格会上升以反映新的信息，将收购方置于“赢者的诅咒”（winner's curse）的境地（Wensley，1982）。

（4）经理主义理论

这一理论源于所有权和控制权在企业的分离，认为计划并执行并购的经理是以自身效用最大化而不是股东价值最大化作为他们的目标。这一理论背后就是各种企业的经理主义理论（Baumol，1959；Marris，1964；Williamson，1964）。Mueller（1969）提出的管理主义就是其中之一，该理论假定经理的报酬是公司规模的函数，这样，经理将会接受资本预期回报率很低的项目，并热衷于扩大企业规模。因为，公司的规模越大，经理的收入越高，在职消费越高。所以，经理更倾向于建立企业帝国，而不是将股东利益最大化作为目标。Black（1989）还提出一个过度支付假说。他假定经理由于过分乐观或者由于他们的目标与股东的目标不一致，而为收购目标公司过度支付。在一个有效率的资本市场，过度支付会导致收购方的股价下跌。

（5）过程理论

这一理论背景是战略决策过程的研究。这一研究领域产生了大量的模型来描述战略决策不是一个合理的选择，其决策过程的结果控制在一个或几个下面的影响因素中：

①Simon（1957）认为个人只有有限的信息处理能力。因此，信息的搜寻和可选择的决策可能是分离的，评价是不完备的，感知是简化的。

②在 Allison（1971）的组织过程范例和 Cyert and March（1963）的企业行为理论中，组织的惯例起到了核心的作用。多个参与者和他们的有限理性，阻止了一个最合理的解决办法的通过。组织会寻求在过去证明是成功的惯例。在相似环境下的旧方法来试图解决新问题。久而久之，组织形成了一套对不同问题的惯例。

③在 Allison（1971）的政治过程范例和 Pettigrew 的战略形成分析中，政治权力是核心。战略决策被解释为组织的下属单

位和外部人之间政治博弈的结果。战术考虑和共同调整决定着决策的过程。

（6）袭击者理论（raider theory）

Holderness and Sheehan（1985）将袭击者解释为导致财富从所要收购企业的股东转移出去的人。这些财富转移包括“绿色邮件”（greenmail）或成功收购后额外的报酬。

（7）动荡理论（disturbance theory）

在 Gort（1969）的理论中，并购浪潮是由经济动荡引起的。经济动荡改变了个人的预期，增加了不确定性的总水平。因此，经济动荡改变了个人预期的次序。以前的资产的非所有者比资产的所有者对于这些资产给予了更高的估值，反之资产的所有者估值却比非所有者低。这个结果就导致了并购浪潮。

（8）交易费用理论

交易费用理论起始于 Coase（1937），而后由 Williamson（1975）等人做了进一步发展。该理论认为，并购是企业内的组织协调对市场协调的替代，其目的是为了降低交易费用。交易所涉及的资产专用性越高，不确定性越强，交易频率越大，市场交易的潜在费用就越高，纵向并购的可能性就越大；当市场交易费用大于企业内部的协调费用时，纵向并购就会发生。交易费用理论认为混合并购产生的内部市场可以减少交易费用，获得比外部市场更高的效率。

5.1.2 国内学者并购动机的研究

国内学者对于并购动机的研究大多与国外相似，但是由于我国国有企业的并购重组中，往往受到政府的干预和影响，因此从政府的角度看，我国企业的并购主要有以下一些动机：

一是救援亏损企业。主要是政府部门采取行政手段“拉郎配”，让效益好的企业兼并亏损企业，尤其是在国有企业面临破产的过程中。由于我国国有企业破产的成本很大，涉及被并购企业的债务、职工安置等社会问题，政府有意让效益好的企业来承担本应由政府承担的巨大的社会成本。

二是调整国民经济结构。通过并购活动对国有企业的资源进行优化配置，提高存量资产的运行效率，避免重复建设和资源浪费的现象。

三是增强企业的国际竞争力。通过并购整合，强强联合，组建具有较强竞争力的跨地区、跨行业、跨所有制、跨国经营的大企业集团。

作者将国内外并购动机的研究进行了一下整理，总结出表5-1中的9种并购理论及其对应的动机：

表5-1　并购理论及对应的主要动机

并购理论	并购的主要动机
交易成本学说	节约企业交易成本 有效配置资源
企业发展理论	减少企业投资风险和成本 降低进入新行业的障碍 经验曲线效应：充分利用合并公司的已有经验和专长
规模经济理论	保持低生产成本 产品的单一化、专业化 减少生产过程的环节间隔 降低操作、运输成本、充分利用生产力 节省管理费用，营销成本 节约研究与开发经费、推进技术创新

续表

并购理论	并购的主要动机
市场力假说（市场份额效应说）	提高企业产品市场占有率 提高行业集中程度，改善行业内部结构 增强行业与供应商、客户之间的讨价还价能力
代理人理论	（从所有者角度） 追求股东财富最大化 节省代理成本 （从管理者角度） 追求私利的动机 骄傲假说：追求时髦和满足自负心理 工作安全动机：分散风险和使亏损和破产的财务费用最小化；避免被兼并
财税效应论	降低筹措资金成本和债务风险 合理避税—税法中的递延条款 以股票换股票 发行可转换债券
股票投机论	财富重新分配论 市盈率论：提高证券价格 价值低估论：以低于目标公司价值的价格收购
效率理论	效率差异化（管理综效假说）：公司管理水平高且管理资源丰富 无效率管理理论：目标公司管理者水平较低 经营综效理论：优势互补 多角化（多元化）理论：增加回报，降低风险
企业竞争理论	提高竞争力，扩大规模 抵制被收购

表5－2将企业并购动机划分为四种类型，分为原始动机、客观动机、主观动机和政府动机，其中政府动机更多地是指我国的国有企业。

表 5 – 2 企业并购的主要动机

原始动机	追求利润 竞争压力
客观动机	谋求更大发展；多元化经营；实现规模经营；缩短投入产出时间；确保原材料、半成品供应；降低生产能力；提高科研水平，获得科技优势；提高市场占有率、开发新市场；提高资金利用效率、减少财务风险；降低经营及投资风险；获得专门资产；高价出售资产；低价收购资产
主观动机	降低代理成本；推动管理人才竞争；增加股东财富；互助协作、实现优势互补；包装上市；享受优惠政策；避税和减税；满足经营者需求；个人主义、雄心壮志
政府动机	救援亏损企业；调整国民经济结构；引进外资、获得技术和资金支持；避免金融、财务危机；政治目的

5.2 企业集团内部并购的动机分析

对于上市公司内部并购的动机国内也有一些学者进行研究。胡继之、王文立（1999）在深圳证券交易所的一篇研究报告《上市公司并购行为研究》中，指出我国上市公司并购控股公司资产的主要原因有以下几个方面：

第一，控股公司利用负债经营方式筹建的大型工程在上市公司上市时未产生效益。在这种情况下，如果将在建工程纳入上市公司，上市公司在发行筹资前负债率较高，这不利于提高公司的形象，同时公司的财务费用（利息等）会较高，从而减少募股时公司的盈利指标，进而影响公司的筹资效果，所以该工程的资产实体未纳入上市公司。例如总投资约 5.38 亿元、由大冶特钢的控股公司冶钢集团贷款建设的高标准汽车用齿轮钢生产线，再如长安汽车从控股公司收购的 15 万辆轿车项目。

第二，公司在重组时因受公开发行额度限制，不得不将本应该纳入上市公司的实体不纳入上市公司。如神马实业和南京水运的并购案例。

第三，扶持上市公司，增加上市公司的经营效益，以便今后利用上市公司的股本扩张促进控股公司的发展。

第四，控股公司为了套现。其目的是多方面的，如扶持控股公司其他效益较差的资产和职工，投入到其他的建设项目，或其他特殊目的。

作者假定实际控制人的核心目标是利益最大化（暂不讨论其他目标），而实现利益最大化主要是从长期利益和短期利益两个方面考虑：一是从长期利益考虑，通过上市公司作为平台，与资本市场良性互动，并推动整个集团公司的持续发展。二是从短期利益考虑，可能是出于以下目的：为了解决集团公司的短期资金困难；为了解决政策关于母子公司同业竞争的规定；为了实际控制人能够将集团内的其他资产以更高的评估溢价卖给投资者以获取短期超额收益；为了保壳而注入优质资产给上市公司以改善其业绩等。

因此，从内部并购的动机来看，隐含着两种终极动机：支持和“掏空”。至于其真实动机，取决于实际控制人的财务状况，道德水平，以及是追求长远利益，还是短期利益。如果其损害了上市公司的利益，损害了中小股东利益，通过高溢价出售资产给上市公司或其他投资者，就属于“掏空”冲行为。如果为了保壳，以合理的价格注入优质资产，或者解决同业竞争等，就属于支持行为。见表 5 –3。

表 5－3 内部并购的终极动机及对应的理由或行为

终极动机	对应的并购理由或行为
支持	(1) 为了保住上市公司的“壳”，而以合理价格注入优质资产 (2) 为了解决监管所禁止的母子公司同业竞争，关联交易等的情况 (3) 为了上市公司的发展，扩大主业，或者注入有价值的相关资产
“掏空”	(1) 实际控制人或大股东想要借助资本市场，通过高溢价出售资产来套取资金，输送利益 (2) 将一些对上市公司发展影响不大，甚至有负面影响的多余资产注入上市公司

“掏空”和支持动机给上市公司必然带来不同的影响，主要体现在短期业绩和长远发展上。如果注入的资产价格过高，就会更大幅度地摊薄股本，使得每股收益的增长受到很大制约；同时收购资产的商誉过高，会导致资产虚高，而未来一旦业绩未达到承诺，商誉面临大幅减值，就会对公司的业绩产生重大的负面影响。

5.2.1 国外资本结构理论

现代资本结构理论起源于 MM 定理，Modigliani and Miller（1958）通过设定没有税收、没有破产成本、市场完善、信息充分等一系列严格的假设条件，得出公司价值与所采取的融资方式——通过股权融资与债权融资——没有关系的结论。这一结论显然与现实不符。MM 定理出现后，许多学者对它进行批评和修正。20 世纪 60 年代和 70 年代通过放松没有税收、没有破产成本的假设，分别产生了米勒模型（Miller Model）和平衡理论（Trade-off Theory）。将企业所得税因素引入到原来的分析之中，提出了在有税条件下增加负债可以增加企业价值的论点。由于所得税的存在，使企业产生了无穷举债的冲动，因为根据各国企业法，债务的利息将计入成本之中从而免交企业所得税，这种债务免税优惠的存在，实际上使企业市场价值增加；但在另一方面，企业债务比重的上升，企业无法偿付债务的可能性会加大，负债企业有可能陷入财务困境，投资者预期企业财务完整性削弱而引起的企业市场价值（包括债券和股票价值）下降被称为财务拮据成本。

M. C. Jensen 和 W. H. Meckling（1976）认为公司的资本结构决策与代理成本有直接关系，债务上升可能增加债务的代理成本。如果公司向外部发行股票就会增加股权形式的代理成本。当企业的管理者（因其在企业中持有部分股份，所以也是部分所有者）采用发行股票的方式融资时，因其不是企业剩余的完全所有者，所以他并不付出全部努力来工作，而有追求额外消费的积极性。这种行为将导致企业的价值小于管理者为企业的完全所有者时的价值。这部分价值损失即称为“代理成本”。

Ross（1977），Leland and Pyle（1977），Myers and Majluf（1984）等学者运用不对称信息理论中的“信号”“动机”“激励”等概念，从不同角度说明了不对称信息影响公司融资行为。在信息不对称情况下，公司管理者拥有关于公司经营前景的信息比外部投资者多，公司融资传递了有关公司质量的信号。Ross（1977）提出了公司可能用负债比作为信号，向外部投资者来传递公司质量的信息。另外，Myers and Majluf（1984）提出了“最优融资偏好”的理论（即优序融资理论（the pecking order theory）），发现公司融资存在顺序偏好，首先使用内部留存收益，而后发行债券，最后才采用股票融资。

5.2.2 国内上市公司的股权融资偏好

国内一些学者提出我国上市公司存在股权融资偏好现象。

黄少安、张岗（2001）通过对上市公司融资结构的描述，认定中国上市公司存在强烈的股权融资偏好；公司股权融资的成本大大低于债务融资的成本是股权融资偏好的直接动机，深层的原因在于现行的制度和政策。强烈的股权融资偏好对公司融资后的资本使用效率、公司成长和公司治理、投资者利益以及宏观经济运行等方面都有不利影响。

黄贵海、宋敏（2002）（见表5－3）认为中国上市公司的融资结构与发达国家上市公司的融资结构形成鲜明的对比，在外部融资中，我国上市公司的股权融资比重高达70%以上，而发达国家中这一比重都在30%或以下（法国除外）。1999年美国企业通过发行债券筹资2500亿美元，是同期的股票发行量的5.8倍，而我国2000年股票发行融资达1400多亿元，而同年的债券融资仅为100多亿元。这些都说明我国上市公司存在明显的股权融资偏好。见表5－4。

表5－4 上市公司外部融资构成的国际比较（1998～2000年）

国家	外部融资的比重	外部融资的组成		备　注
		债务融资	股权融资	
中国	0.61	0.27	0.73	所有公司（2791个观测值）
	0.52	0.46	0.54	当年新上市除外（2497个观测值）
美国	0.23（0.20）	1.34（1.02）	－0.34（－0.02）	1991～1993
日本	0.56（0.50）	0.85（0.80）	0.15（0.20）	1991～1993
德国	0.33	0.87	0.13	1991～1993
法国	0.35	0.39	0.61	1991～1993
意大利	0.33	0.65	0.35	1991～1993

续表

国家	外部融资的比重	外部融资的组成		备　注
		债务融资	股权融资	
英国	0.23（0.20）	0.23（0.20）	0.23（0.20）	1991～1993
加拿大	0.23（0.20）	0.23（0.20）	0.23（0.20）	1991～1993

说明：总融资为来自经营的现金流与外部融资之和，外部融资的比重则为外部融资除以总融资。外部融资包括债务融资和股权融资。债务融资为净短期债务融资及长期债务发行之和减去偿还的长期债务。股票发行额包括新股的发行及债务转化为股权。股权融资为股票发行额减股票回购额。由于相关指标的计算需要公司的现金流量表，而中国上市公司1998年起才报告现金流量表，所以本表的计算只利用了1998年至2000年三年的数据。中国上市公司的相关数据为所有公司历年的加权平均值，即把所有的公司各年的报表汇总起来，当作一家公司。本表考虑了所有公司及当年新上市除外两种情况。

由表5－5可以看出，我国上市公司股利政策的实际情况，是相当多的公司常年不分红，或者只是象征性的低比例分配或以送转股本形式分配股利，现金分红的股利支出很低。

表5－5　2000～2015年A股上市公司实施现金分红的情况

年份	上市A股公司总数	分红的公司数	支付现金红利的公司占比	平均股利支付率（%）
2000	1060	663	62.55%	55.55
2001	1136	673	59.24%	51.74
2002	1200	607	50.58%	58.90
2003	1263	592	46.87%	55.89
2004	1353	711	52.55%	61.35
2005	1358	604	44.48%	55.47
2006	1411	701	49.68%	49.53
2007	1527	794	52.00%	37.45
2008	1602	838	52.31%	56.14
2009	1696	989	58.31%	43.06

续表

年份	上市 A 股公司总数	分红的公司数	支付现金红利的公司占比	平均股利支付率（%）
2010	2041	1304	63.89%	38.46
2011	2320	1608	69.31%	38.66
2012	2472	1796	72.65%	66.12
2013	2468	1864	75.53%	42.07
2014	2592	1941	74.88%	40.35
2015	2808	1430	50.93%	40.04

注：数据来源于 wind 数据库。

还有一种现象可以证明我国上市公司的股权融资偏好，那就是我国上市公司中存在着普遍的过度融资现象。许多公司的募集资金大量闲置，然后又通过短期投资、委托理财等形式重新回流到证券市场，本应该用于投资项目的资金又通过各种渠道进入二级市场炒股，甚至于炒自己公司的股票，拉高公司股价，便于下一轮配股增发。

上市公司融资不是为了发展，不是项目投资需要，而是演变成十足的圈钱行为。上市公司一旦拿到增发新股资金就随意变更募集资金投向，或是在增发新股后公司效益出现大幅下滑。在上市公司融资能力及筹资规模不断增强的同时，一些公司通过增发募集资金投向频繁“变脸”的现象也在增多。结果导致整个融资体制“重市场筹资功能、轻资源配置功能”。其结果是一些上市公司为了融资而编造项目，然后配股或增发融资，钱一到手就“变脸”，大搞关联交易，或者无项目可投将资金存入银行、买国债甚至进行委托投资。

吴晓求（2003）发现上市公司的短期债务中，大部分是应付账款。有的公司应付账款高达短期负债的 70% 以上，进一步说明企业不愿意利用负债手段融资，哪怕是短期的银行贷款，同时也说明上市公司中资金并不紧缺。

陆正飞、高强（2003）在融资偏好的调查问卷研究中发现约 3/4 的样本企业偏好股权融资。这印证了阎达五、耿建新、刘文鹏（2001）的研究结论：配股是我国上市公司再融资的首选方式。也与朱武祥（2002）的研究发现一致：中国上市公司的股权融资偏好表现为首选配股或增发；如果不能如愿，则改为具有延迟股权融资特性的可转换债券，设置宽松的转换条款，促使投资者转换，从而获得股权资本；不得已才是债务，而且首选短期贷款，长期贷款位居最后。

陆正飞、高强（2003）认为上市公司之所以偏好股权融资，首先是相对于负债融资而言，股权融资的成本较低。其次是股权融资不必还本，分红也可灵活掌握。这与高晓红（2000）和黄少安、张岗（2001）的研究结论一致。

陆正飞、高强（2003）发现，董事会中由控股股东推举或任职于控股股东的董事所占的比例越高、总经理由董事长兼任、公司高级管理人员持有公司股份的公司，越倾向于偏好股权融资。这一结果表明，“内部人控制”是股权融资偏好的重要原因，在我国，上市公司的内部人控制是由国家股、国有法人股比重过大而内生的，因为现有上市公司主要是由原来的国有企业改造而来。

作者认为，由于我国国有企业改革，原来企业的资金来源由财政支持改为拨改贷，之后由于资金“软约束”，大量不能归还的贷款形成银行的呆坏账。随着银行的商业化改革，业绩较差的国有企业间接融资的渠道受到限制。为了获取资金，盘活企业，国有企业选择了上市直接融资的方式，从而可以降低资金成本（分红很少或不分红），获取无须归还的资金，同时企业的经营决策还不受影响（因为流通股份占少数，无法干预决策）。

因此，由于市场机制的不完善、政策导向、地方利益驱动和监管水平的滞后，使得这些国有企业（改制后为国有控股企业或企业集团）的资金来源从财政支持，转向银行贷款，又转向股票市场。

从上面的研究可以看出，我国上市公司由于资本市场的缺陷、公司治理等问题，普遍存在股权融资偏好。而且，这种股权融资往往受到大股东的控制，是为了满足大股东对于资金的需求，因此大股东占用上市公司资金的事件时有发生。为了达到配股增发的目的，大股东往往会采用各种手段来粉饰报表，达到配股增发的标准。因此，内部并购可能就是为达到配股增发标准，修饰报表的一种手段。

陈健、贾隽（2013）认为上市公司关联并购有不同的动机（见表5－6），我国现有的上市公司关联并购的动机主要有股权融资动机和战略支持动机两个方面。上市公司之间的股权融资动机源于我国上市公司的股权融资偏好，未满足配股要求的上市公司为了满足配股的标准，而通过关联并购注入资产提高上市公司的盈利水平。

表5－6　　　　并购的终极动机和直接动机

终极动机	直接动机	业绩影响
支持	股权融资动机	未满足配股要求的上市公司的关联并购改进了上市公司的绩效，具有支持的性质
	战略支持动机	主业加强型的上市公司关联并购改进了上市公司的绩效，具有支持的性质
“掏空”	股权融资动机	满足配股要求的上市公司的关联并购使上市公司的绩效有所下降，具有“掏空”的性质
	战略支持动机	非主业加强型的关联并购使上市公司的绩效有所下降，具有“掏空”的性质

陈健等（2013）通过关联并购前后财务绩效的比较和累积异常收益的实证分析，得出满足配股要求的上市公司和非主业加强型的关联并购使上市公司的绩效有所下降，具有“掏空”的性质；而未满足配股要求的上市公司和主业加强型的上市公司关联并购改进了上市公司的绩效，具有支持的性质。从而证明我国上市公司在不同情况下的关联并购行为的最终动机不同，有时是“掏空”的行为，有时又具有“支持”的特征，这取决于上市公司的财务状况和控制人的战略需求。

5.3 基于股权融资动机的定向增发内部并购研究

5.3.1 假设的提出

基于前人的研究，作者认为我国上市公司股权融资偏好，只是实际控制人真实意图的一个表象。其背后往往是对于资金的渴望和利益的输送。从 2006 年之后，我国证监会颁布实施《上市公司证券发行管理办法》后，由于非公开发行股票，即定向增发的条件比配股、发行可转债、公开增发都要低，而且便捷，因此定向增发方式逐渐成为上市公司再融资的主要方式。原有的配股和公开增发方式，就很少出现，现在大部分公司都采用定向增发融资的方式，进行资产的收购或新建项目扩张。

作者统计了 2008 年以来 A 股再融资中公开增发、定向增发和配股的金额，发现定向增发已经成为 A 股上市公司的最主要的再融资方式。定向增发所融到的现金，从 2008 年的 361 亿元，增加到 2015 年的 6705 亿元（见图 5－1 和表 5－7）。而公开增发的方式，基本绝迹。配股方式的融资也降到 2015 年的 42 亿元，基本上无足轻重。

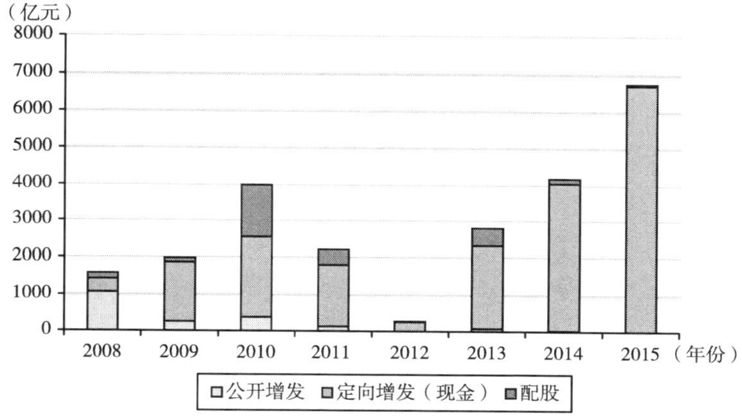

图 5－1 A 股年度再融资金额

表 5－7 **A 股年度再融资金额** 单位：亿元

年份	公开增发	定向增发（现金）	配股
2008	1063.29	361.13	151.57
2009	255.86	1614.83	105.97
2010	377.15	2172.68	1438.25
2011	132.05	1664.50	421.96
2012	0.00	258.68	13.36
2013	80.42	2246.59	475.75
2014	18.26	4031.30	137.98
2015	0.00	6709.48	42.33

注：来源于证监会统计数据。

上市公司通过定向增发的方式收购集团的资产，如果注入的资产评估增值越高，商誉过高，或者与公司主业无关的“跨界”并购，就会对上市公司的业绩存在负面影响。

虽然，现在并购重组，收购集团资产，证监会大都会要求有业绩承诺，但资产出售方拿到的溢价部分，有时候远超过业绩承诺的利润差额，而且一旦三年业绩承诺期一过，劣质资产的弊端就暴露无遗，对上市公司影响巨大。而资产出售方无疑已经获得了巨大的利益。

尤其是对于目前流行的“跨界”并购，上市公司收购的是与主业无关的主题性的热门的新兴产业资产，大多是为了迎合资本市场的偏好，而很多注入的公司的实质并不太好，注入价格过高，存在很强的“圈钱”的嫌疑。很多“跨界”并购，以转型进入新兴产业为幌子，实质上是通过高价出售市场高估的资产来达到高溢价套现的目的。

2015 年以来，上海证券交易所发出的问询函中，有近 65%关注了并购重组中高估值和高业绩承诺的“双高”问题，具体主要关注的方面包括：标的资产高估值的业绩支撑原因、行业爆发式增长的合理性、与同行业可比公司和可比交易案例的比较，以及后续标的资产业绩承诺的可实现性。

（1）并购重组中并购标的的高估值

2012 年至 2015 年 A 股市场重组标的估值平均增值率分别为201%、515%、527%、737%，呈逐年上升的趋势。而 2016 年截至 5 月中旬的平均增值率更是大幅提升至 1334%，个别标的甚至超过 400 倍。

文化、广播、影视等领域并购是“高估值”的多发区。2012 年至 2016 年 5 月中旬沪深两市重大资产重组的统计数据显示，标的资产类型方面，轻资产标的的增值率显著高出其他类型资产。其中，文化艺术、广播、电视、电影行业的平均增值率达 3000%；虚拟现实行业为 3284%；游戏行业为 1473%。而矿业和新能源行业，由于资产规模较大，增值率分别为524%和306%。从收购类型看，跨界并购的增值率最高。其中，以业务转型为目标的平均增值率为868%；以业务多元化为目标的平均增值率为850%；而上下游产业整合类的平均增值率仅为475%。

并购会计核算中人力资源、品牌价值等要素均未计入企业资产，并购中出现一定的评估溢价是正常的。但过高的溢价率可能会引发利益输送、资产虚高、商誉减值等问题，加大上市公司业绩波动，损害中小投资者权益。

类似的案例并不鲜见。例如，前期普遍存在的并购重组“催肥术”就是典型，大股东及其关联方获得标的资产时的价格从优，但在短短数月后注入上市公司时价格便上涨数倍，增值率高企。又如并购标的业绩不达标引发的商誉减值“黑洞”，令不少在当年完成并购重组的公司引爆业绩“地雷”，其年报最终发布的业绩往往较预告数骤减超过50%甚至达到90%。

茂业商业4月中旬收到的重组问询函明显指出了标的资产连续亏损和高估值这一对“矛盾”。按照其方案，公司拟以15.65亿元的现金收购内蒙古商业零售龙头企业维多利70%股权。标的公司截至2015年年底净资产为-1318万元，2015年和2014年度净利润分别为亏损7502万元和4462万元。

针对维多利资不抵债及持续亏损的现状，交易所要求茂业商业补充披露收购的原因及合理性，并作重大风险提示。此外，针对标的资产整体估值由2015年8月22日的10亿元增加至收购时的22.6亿元，交易所要求公司补充披露本次交易作价与前次交易价格差距较大的原因及其合理性。

在综艺股份、宏图高科等重组案例中，监管层也关注到高估值问题，相关公司均被要求补充披露评估增值的具体原因、短期内标的资产估值爆发式增长的风险，以及标的资产前期股权转让价格与本次重组交易价格存在较大价差的合理性，并被要求充分提示高估值风险。

（2）高业绩承诺不能兑现

中国证券投资者保护基金公司发布的《2012 年度上市公司投资者保护状况评价报告》中的数据显示，2012 年我国上市公司中有 23 家公司的重组业绩承诺最终没有兑现，有 12 家公司部分兑现了重组业绩承诺。在 2012 年度进行过重大资产重组的上市公司中，有 24.82% 未完全兑现承诺。

"高估值"压力之下，标的资产被赋予的业绩"高承诺"起着明显的支撑作用。以 2015 年的情况为例，有业绩承诺的并购重组平均估值溢价率为 577%，无业绩承诺的则为 444%。具体从溢价率普遍较高的游戏和文化传媒两个行业看，有业绩承诺的估值溢价率分别为 1802% 和 1043%，无业绩承诺的则分别为 454% 和 506%。

2016 年 5 月 19 日，三联商社公告其重组方案遭证监会否决。回看其重组方案，公司拟通过发行股份及支付现金的方式购买德景电子 100% 股权，交易价格 9 亿元，增值率接近 9 倍。标的公司 2014 年、2015 年净利润均不到 4500 万元，但 2016 年至 2018 年承诺的经审计的净利润分别不低于 6000 万元、8000 万元及 1 亿元。为此，交易所在问询函中要求公司引用、对照同类行业的经营、财务及估值数据，补充披露标的资产评估作价的原因及其合理性。针对标的资产利润承诺及业绩补偿较高问题，问询函要求公司结合标的资产历史净利润情况补充披露标的资产未来三年利润承诺的可实现性。

2016 年 5 月 24 日，万达院线收购万达影视的定增预案也被出具问询函。万达影视逾 370 亿元的预估值和交易作价、承诺业绩大幅增长等也被要求补充披露合理性。此外，业务开展现状、模拟合并报表中的商誉大额减值风险、标的过往部分财务指标的合理性等也被问询。

根据中信证券的研究，2015 年 A 股市场中有业绩承诺的上市公司共有 527 家，占总体上市公司比例为 18.52%；其中主板公司有 214 家，在主板公司中占比 13%；中小板和创业板公司各 165、148 家，在各自板块中分别占比 21%、29%。有业绩承诺的并购标的共有 798 个（部分标的公司合并披露）。

2015 年 A 股市场中存在业绩承诺不达标事件的上市公司共有 107 家，占整个存在业绩承诺事件上市公司的比重为 20%。其中主板公司 42 家，中小板公司 38 家，创业板公司 27 家，板块间占比差异不大。

2015 年 A 股市场中涉及业绩承诺不达标事件的上市公司共有 107 家，其中民营企业 86 家，占有业绩承诺民企的比重为 21%；国有企业 21 家，占有业绩承诺国企的比重为 19%。见图 5-2 和表 5-8。

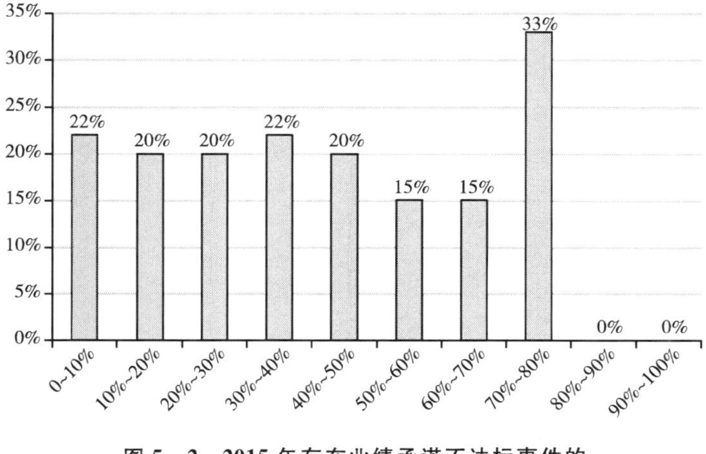

图 5-2 2015 年存在业绩承诺不达标事件的上市公司大股东占比分布情况

表 5-8　2010～2014 年上市公司披露的未实现业绩承诺原因

原因	公司数量	公司占比	详细的原因
宏观因素	31	35%	经济减速，消费低迷；市场竞争，原材料价格、能源价格及用工成本居高不下等
行业因素	18	20%	所处行业产品价格下降，原材料成本上涨；行业竞争加剧；国外双反政策影响等
公司因素	11	12%	营运成本和市场推广费用上升；应收账款逾期，长期投资减值；产品销售收入低于预测值；产品收入结构变化较大；产品销售未达预期；销售产品结构变化等
无重大差异	7	8%	实际利润实现情况与业绩承诺有差距，但差距不大
累计实现业绩承诺	14	16%	单一年份未实现业绩承诺，但累计值满足了业绩承诺
未披露	8	9%	

资料来源：上市公司公告。

结合前人的研究和以上对于我国上市公司定向增发（非公开增发）股票行为的研究，作者认为在定向增发收购集团资产过程中存在大量利益输送，以及“圈钱”的行为。而看似为了保护中小投资者利益，保证并购后上市公司业绩增长的所谓业绩承诺，却成了大股东或实际控制人肆意高价出售资产给上市公司的护身符。因此，作者认为定向增发收购的集团资产溢价越高，对后续上市公司业绩的负面影响就越大，而二级市场对其公告的表现也越悲观。基于此，作者提出以下假设：

假设 5-1：定向增发的内部并购中注入资产规模越大，对上市公司未来业绩的正面影响越大。

即定向增发中内部并购资产的评估值和评估增减值占公司净资产之比越大，注入资产规模越大，对上市公司业绩的正面影响越大。这一假设说明，实际控制人希望通过注入更大规模的盈利资产来改善上市公司的业绩，具有支持上市公司的目的。

假设5-2：定向增发的内部并购中上市公司实际控制人控制权和现金流权的差异越大，对上市公司业绩的正面影响越大。

即内部并购定向增发中实际控制人控制权与现金流权的差额越大，上市公司并购后的盈利能力越好，业绩增长越快，公告时市场股票价格相对表现越好，更倾向于对于上市公司的支持行为。

假设5-3：定向增发的内部并购中标的资产的溢价越高，上市公司业绩负面影响越大。

即内部并购的增值率越高，上市公司并购后的盈利能力越低，业绩增长越慢，公告时市场股票价格相对表现越差，更倾向于对于上市公司的"掏空"行为。

5.3.2 样本和变量的选择

5.3.2.1 样本的选择

作者以2010~2014年间上市公司首次公告内部并购的事件为基础，通过去掉金融类以及交易金额少于1 000万元的样本，并去掉后续并未成功实施的内部并购事件，最终获得614个上市公司内部并购样本数据。之后，去掉在后面累计异常收益分析中，F检验不显著的样本，得到540个样本。作者最终又从这540个样本中选出通过定向增发方式实施内部并购的样本118个。

5.3.2.2 变量的选择

作者根据定向增发的内部并购事件的假设，结合前人的研究，选择以下的一些因变量、自变量和控制变量，并验证这些变量之间的关系。

在因变量中选择的变量有：股票价格的累计异常收益、净利润的增长率、ROE、ROA 等。在自变量中选择的变量有：实际控制人持股、控制权和现金流权分离度、股权集中度、定向增发规模、定向增发资产增值倍数、增发时 PE、增发资产的 PE 等。在控制变量中选择的变量有：公司属性、账面市值比、公司规模、财务杠杆率等。

由于股票价格的累计异常收益计算相对复杂，作者专门在下面进行了详细阐述，并将样本的累计异常收益的基本情况进行了展示。

（1）股票价格的累积异常收益

财务绩效的配对样本检验是从较长的时间比较上市公司内部并购之后绩效的变化，而并购前后股票价格变化反映了股票市场上投资者对于上市公司内部并购行为对上市公司为了绩效影响的预测。通常采用事件研究的方法，选择平均累积异常收益（MCAR）指标来衡量内部并购事件发生对于上市公司股价的影响。作者通过计算上市公司内部并购首次公告日前后 20 个交易日（-20，+20）的累计异常收益来确定并购对于上市公司绩效的影响。本书通过以下方法计算累计异常收益：

①计算预期正常收益

首先选用并购宣布前 120 个交易日到并购宣布前 20 个交易日的股票价格和对应的股票指数数据，依据市场模型（market model）方法来计算上市公司并购前的预期正常收益。

$$R_{jt} = \alpha_j + \beta_j R_{mt} + \varepsilon_{jt} \tag{1}$$

其中，R_{jt} = 股票 j 在交易日 t 的回报率，这里选用考虑现金红利的日个股回报率。

R_{mt} = 交易日 t 的加权市场回报率，这里选用中证全指股票指数。①

$$\alpha_j = E(R_{jt}) - \beta_j \times E(R_{mt}) \tag{2}$$

ε_{jt} = 时期 t 内证券 j 的扰动项，

$$E(\varepsilon_{jt}) = 0$$

$$\beta_j = \mathrm{cov}(R_{jt}, R_{mt}) / \mathrm{var}(R_{mt}) \tag{3}$$

运用最小二乘法估计 $\hat{\alpha}_i$ 和 $\hat{\beta}_i$。对于回归的结果进行分析，根据 F 检验（$\alpha = 0.01$）的标准，当 $F > F_\alpha \approx 6.9$，$p < \alpha = 0.01$ 时线性关系显著，去掉变量之间线性关系不显著的样本。

②计算异常收益

然后计算并购宣布日前 20 个交易日和并购后 20 个交易日的异常收益 AR_{it}。

$$AR_{it} = R_{it} - \hat{\alpha}_i - \hat{\beta}_i R_{mt} \tag{4}$$

异常收益是市场模型中的扰动项，是受到事件影响而偏离正常预期收益的值。

作者在 2010 ~ 2014 年间定向增发的内部并购数据中，通过去掉金融类、ST 类，以及交易金额少于 1000 万元，而且去掉上述最小二乘法线性关系不显著的样本，最终获得 118 个有效样本

① 中证全指由剔除 ST、* ST 股票，以及上市时间不足 3 个月等股票后的剩余股票构成样本股。中证全指具有较高的市场代表性，可作为投资标的和业绩评价基准，并可作为其他指数的样本空间。中证全指基准日为 2004 年 12 月 31 日，发布日为 2011 年 8 月 2 日。样本空间：中证全指指数由剔除掉 ST、* ST 股票，暂停上市股票，以及上市时间不足 3 个月等股票后的剩余沪深 A 股股票构成样本股。指数计算：中证全指指数系列采用派许加权方法，按照样本股的调整股本数为权数加权计算，公式为：报告期指数 = 报告期样本股的调整市值/基期 ×1000，其中，调整市值 = Σ（股价 × 调整股本数）。调整股本数为采用分级靠档的方法对样本股股本进行调整后的股本。

进行检验。这些公司在内部并购公告日平均的异常收益、累计异常收益在下面的图表中反映。见表5－9。

表5－9　　上市公司内部并购平均的异常收益

并购公告前后的交易日	内部并购上市公司平均的异常收益
－20	－0.1373
－19	0.1100
－18	－0.1648
－17	0.0755
－16	－0.0566
－15	－0.2559
－14	－0.5173
－13	－0.4269
－12	0.2282
－11	0.0635
－10	0.0586
－9	－0.1199
－8	0.2936
－7	－0.0838
－6	－0.1589
－5	0.1715
－4	0.1021
－3	－0.0264
－2	0.1071
－1	0.0978
0	－0.2690
1	－0.1737

续表

并购公告前后的交易日	内部并购上市公司平均的异常收益
2	-0.2774
3	-0.3359
4	-0.2071
5	-0.2939
6	0.0446
7	-0.1007
8	-0.3292
9	0.0975
10	-0.0760
11	0.1155
12	0.1039
13	-0.3473
14	-0.0224
15	-0.0374
16	-0.0566
17	-0.2929
18	-0.0873
19	-0.0433
20	0.2456

③计算累计异常收益和平均累计异常收益

分别按时间累计计算出每个上市公司并购宣布日前后（-1，+1），（-3，+3），（-5，+5），（-10，+10），（-20，+20）的累计异常收益CAR。

$$CAR_i(\tau_1,\tau_2) = \sum_{\tau=\tau_1}^{\tau_2} AR_{i\tau} \tag{5}$$

(τ_1, τ_2) 分别设定为并购前后的（-1, +1），（-3, +3），（-5, +5），（-10, +10），（-20, +20）的时间区间，从而分别计算各区间的累计异常收益。

然后计算这些上市公司在 τ 期间的平均累计异常收益

$$MCAR_i(\tau_1,\tau_2) = \sum_{\tau=\tau_1}^{\tau_2} \overline{AR}_\tau \tag{6}$$

其中，$\overline{AR}_\tau = \frac{1}{n}\sum_{i=1}^{n} AR_{i\tau}$ 为 n 个上市公司在 τ 期间的平均异常收益。见图 5-3。

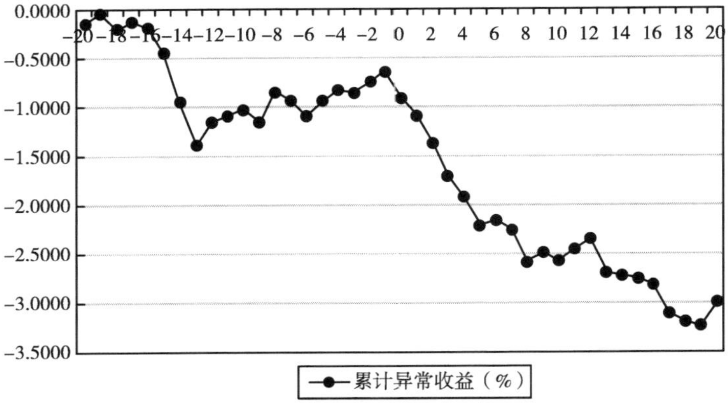

图 5-3　上市公司的内部并购的累计异常收益（MCAR）

从时间区间（-20, +20）个交易日的 MCAR 图形可以看出，上市公司内部并购后其 MCAR 明显为负，且有不断下降的趋势。说明从统计上看，市场对于上市公司内部并购的后续前景通常并不看好。见表 5-10。

表 5 – 10　　上市公司内部并购平均的 MCAR 分布

时间区间	上市公司平均的 MCAR
(–1， +1)	–0. 3449
(–3， +3)	–0. 8775
(–5， +5)	–1. 1049
(–10， +10)	–1. 4791
(–20， +20)	–2. 9830
(T +0)	–0. 2690
(0， +1)	–0. 4427
(0， +3)	–1. 0560
(0， +5)	–1. 5569
(0， +10)	–1. 9208
(0， +20)	–2. 3431

短期内股价的 MCAR 反映了市场上投资者对于上市公司内部并购行为未来的预期，上市公司并购后的公告效应对股价的影响平均来看是下跌的。导致这一结果的原因可能是由于二级市场的投资者对于上市公司内部并购缺乏信心，认为大股东无力挽回上市公司竞争上的劣势或者是并购注入资产的估值过高拖累公司发展等。

(2) 变量汇总

除了累计异常收益在上文进行了专门说明外，其他变量作者在下面进行了汇总说明。见表 5 – 11。

表 5 - 11 研究变量及说明

变量类型	变量代号	变量名称	变量界定
被解释变量	MCAR	累计异常收益	公告前后股价相对于指数的平均累计异常收益（计算方法见上文）
	ROA	总资产收益率	ROA = 净利润(含少数股东损益) × 2/(期初总资产 + 期末总资产) × 100%
解释变量	zzl	增值率	定向增发中被收购标的资产评估的增值率
	pgzzb	评估值占净资产的比例	定向增发中被收购标的资产的评估值占上市公司净资产的比例
	zjzzb	增减值占净资产的比例	定向增发中被收购标的资产的评估值相对于账面值的增减值占上市公司净资产的比例
	C1	第一大股东持股比例	第一大股东持股百分比
	C5	前 5 大股东持股比例之和	前 5 大股东持股比例之和
	HI_Differences	HI 指数	前 5 大股东股权比例差额平方和的对数；$Hi\_Differences = \ln[(C1 - con2)^2 + (con2 - con3)^2 + (con3 - con4)^2 + (con4 - con5)^2]$
	UltimateCon	实际控制人拥有上市公司控制权比例	实际控制人直接或间接持有上市公司的股份比例之和
	Cash	实际控制人拥有上市公司的现金流权比例	Cash = 实际控制人直接持股比例 + ∑间接持股比例 × 每个层级持股比例之积
	Separate	两权分离度	两权分离度 = 实际控制人拥有上市公司控制权比例 - 实际控制人拥有上市公司的现金流权

续表

变量类型	变量代号	变量名称	变量界定
控制变量	GSSX	公司属性	1 = 国有企业；2 = 民营企业
	B/M	账面市值比	B/M = 所有者权益账面价值/股票市值
	Size	公司规模	内部并购事件公告当年年底的企业资产总额的对数
	Lev	杠杆率	内部并购事件公告当年年底的资产负债率

借鉴 Fama, French （1992）, La Porta （1996），魏卉等（2012）的研究，本书选取资产负债率（杠杆率）、公司规模、B/M 等作为控制变量。

5.3.3 实证验证结果及分析

作者对研究变量做了描述统计（见表 5－12）。ROA 增长率均值 －0.45%，标准差 4.27%，最大值 14.45%，说明不同上市公司发出内部并购公告之后一年 ROA 增长率差异比较大。第一大股东持股最大 79.57%，最小 7.64%，均值 40%。

表 5－12 研究变量描述统计

变量代号	样本量	极小值	极大值	均值	标准差
MCAR（－20，＋20）	118	－53.4699	71.02	－2.91	19.37
ROA	118	－23.0900	14.45	－0.45	4.27
zzl	118	－0.1370	141.42	3.33	15.46
pgzzb	118	0.0010	5.15	0.37	0.81
zjzzb	118	－0.0290	4.06	0.19	0.56
C1	118	7.6400	79.57	39.76	14.29
C5	118	21.4700	85.44	53.81	14.81

续表

变量代号	样本量	极小值	极大值	均值	标准差
HI_Differences	118	0.1300	5967.68	1402.08	1204.62
UltimateCon	118	12.3400	79.64	42.26	14.39
Cash	118	2.6414	75.66	36.06	15.61
Separate	118	0.0000	30.25	6.20	8.26
GSSX	118	1.0000	2.00	1.48	0.50
BM	118	4.2000	6.93	5.73	0.53
Size	118	0.0032	2.15	0.43	0.34
Lev	118	4.9800	95.23	53.23	22.45

实际控制人拥有上市公司的控制权比例最大 79.64%，最小 12.34%，均值 42.26%。实际控制人拥有上市公司现金流权比例最大 75.66%，最小 2.64%，均值 36.06%。用来衡量实际控制人控制权和现金流权差异的两权分离度指标，最大 30.25%，最小 0，均值 6.2%。

根据表 5－13 的各变量之间的相关性分析，作者发现累计异常收益 MCAR（－20，＋20）与定向增发中被收购标的资产的评估值相对于账面值的增减值占上市公司净资产的比例在5%的显著性水平上正相关。说明公告日前后 20 天的股价累计异常收益，对评估值相对于账面值的增减值占净资产的比例的反应是正面的，即评估值的增减值占比越大，累计异常收益越大，市场对未来公司前景看好，股价相对于市场指数走势更强。也可以看作是注入资产的评估值规模比较大的话，对未来公司业绩的影响比较大，对股价的影响也就相应比较大。因此，假设 5－1 得到验证。

公告日前后20 天的股价累计异常收益 MCAR（－20，＋20）与两权分离度 Separate 之间在 1% 的水平上显著正相关。说明上市公司实际控制人控制权与现金流权的差异越大，市场对于定向增发注入资产的未来前景越看好。或者说，上市公司实际控制人控制权与现金流权的差异越大，其实际控制人注入资产的支持特征越明显；反之，上市公司实际控制人控制权与现金流权的差异越小，其实际控制人注入资产的“掏空”特征越明显。因此，假设 5－2 得到验证。

表 5－13　各变量之间的相关性分析

	ROA	zzl	pgzzb	zjzzb	C1	C5	HI_Differences	Cash
MCAR（－20，＋20）	0.15	－0.03	0.16	0.19 *	0.05	0.02	0.07	－0.09
ROA		－0.39 **	0.19 *	0.19 *	0.003	0.08	－0.02	0.12
zzl			－0.03	0.01	－0.05	－0.04	－0.05	－0.11
pgzzb				0.78 **	－0.19 *	－0.19	－0.17	－0.04
zjzzb					－0.16	－0.19 *	－0.14	－0.09
C1						0.71 **	0.93 **	0.69 **
C5							0.52 **	0.62 **
HI_Differences								0.62 **
			Ultimate Con	Separate	GSSX	B/M	Size	Lev
MCAR（－20，＋20）			0.04	0.24 **	0.004	0.04	0.07	0.15
ROA			0.07	－0.10	0.24 *	－0.24 *	－0.26 **	－0.24 **
zzl			－0.10	0.04	－0.11	0.02	0.11	0.10
pgzzb			－0.11	－0.12	0.02	－0.12	－0.18 *	0.04
zjzzb			－0.17	－0.11	0.08	－0.19 *	－0.15	0.03
C1			0.83 **	0.14	－0.14	0.36 **	0.13	0.14
C5			0.79 **	0.20 *	－0.04	0.31 **	0.10	0.04
HI_ Differences			0.73 **	0.09	－0.15	0.35 **	0.12	0.12
Cash			0.85 **	－0.41 **	－0.17	0.25 **	0.04	0.17
UltimateCon				0.13	－0.06	0.30 **	0.02	0.16
Separate					0.22 *	0.05	－0.04	－0.03

续表

			Ultimate Con	Separate	GSSX	B/M	Size	Lev
GSSX						-0.43**	-0.37**	-0.22*
B/M							0.51**	0.48**
Size								0.28**

注：表中为 Pearson 相关系数。* 在 10% 置信水平（双侧）上显著相关，** 在 5% 置信水平（双侧）上显著相关，*** 在 1% 置信水平（双侧）上显著相关。

ROA 指标与定向增发中被收购标的资产评估的增值率在 1% 的水平上显著负相关，说明被注入资产评估增值倍数越高，未来一年上市公司总资产收益率 ROA 的增长率越低。说明未来上市公司的盈利能力增长，受制于注入资产的增值倍数，增值倍数越大，注入资产的水分越高，对公司实际的盈利能力的负面影响越大。因此，假设 5－3 得到验证。

ROA 指标与定向增发中被收购标的资产的评估值占上市公司净资产的比例，和定向增发中被收购标的资产的评估值相对于账面值的增减值占上市公司净资产的比例显著正相关。注入资产规模越大，对后续上市公司盈利能力影响越正面。说明从统计角度看，大部分上市公司注入的资产规模越大，越是希望通过新的资产注入改变公司的盈利能力，因此注入资产相对规模越大，内部并购对上市公司支持的意味也更浓。

定向增发中被收购标的资产的评估值占上市公司净资产的比例与第一大股东持股比例 C1 呈现负相关关系；定向增发中被收购标的资产的评估值相对于账面值的增减值占上市公司净资产的比例与前五大股东持股比例之和 C5，呈现负相关关系。股东持股越集中，定向增发中注入资产的相对规模越小。

根据相关性分析结果，作者选取相关性较强的解释变量与

MCAR 和 ROA 分别采用多元回归的方法进行分析。

从表 5 - 14 来看，MCAR（-20，+20）与定向增发中内部并购资产的评估值增减值占比、以及实际控制人控制权和现金流权之间的差额成正向关系。内部并购资产的评估值增减值占比越大，对 MCAR 的正面影响越大。说明注入资产的评估值增减值相对规模越大，投资者对公司未来增长越看好。因此，假设 5 - 1 得到了验证。

表 5 - 14 累计异常收益 MCAR 回归分析结果

变量代号	模型 1	模型 2	模型 3
constant	-12.47 (-0.48)	9.36 (0.37)	-0.81 (-0.03)
zjzzb	6.65** (2.05)		7.64** (2.44)
Seperate		0.63*** (2.86)	0.68*** (3.15)
GSSX	1.36 (0.34)	-1.74 (-0.43)	-1.88 (-0.47)
BM	4.64 (0.74)	4.32 (0.70)	5.33 (0.88)
Size	-0.28 (-0.06)	-4.12 (-0.93)	-2.43 (-0.55)
Lev	0.11 (0.74)	0.15* (1.73)	0.13 (1.43)
R^2	0.06	0.09	0.14

注：因变量是 MCAR（-20，+20）。* 在 10% 置信水平（双侧）上显著相关，** 在 5% 置信水平（双侧）上显著相关，*** 在 1% 置信水平（双侧）上显著相关。同时，各回归变量的 VIF 都小于 10，表明模型不存在严重的多重共线性问题。

实际控制人控制权和现金流权之间的差额越大，对 MCAR 的正面影响越大。说明两权分离度越大，定向增发的内部并购公告后的股价反应越好，投资者对增发和内部并购行为保持乐观。实际控制人通过定向增发进行内部并购注入资产，主要是支持上市公司的目的。因此，假设5－2得到验证。

从表5－15来看，定向增发中内部并购资产的评估增值倍数对公告实施后一年ROA存在显著的负面影响，即资产评估增值率越高，内部并购实施后一年的ROA增长率越低。说明定向增发注入资产的评估增值倍数越高，对内部并购后上市公司的盈利能力负面影响越大，是对上市公司发展不利的。因此，假设5－3得到验证。

表5－15　定向增发中内部并购公告后一年ROA的回归分析结果

变量代号	模型4	模型5	模型6
constant	3.588 (0.70)	－0.22 (－0.04)	2.2 (0.43)
zzl	－0.098*** (－4.24)		－0.097*** (－4.22)
pgzzb		0.91* (1.93)	0.85* (1.93)
GSSX	0.81 (1.02)	1.25 (1.48)	0.92 (1.17)
BM	－1.56 (－1.26)	－1.64 (－1.24)	－1.20 (－0.96)
Size	－0.54 (－0.61)	0.01 (0.01)	－0.37 (－0.42)
Lev	－0.22 (－1.23)	－0.03* (－1.76)	－0.03 (－1.47)
R^2	0.24	0.14	0.26

注：因变量是ROA。* 在10%置信水平（双侧）上显著相关，** 在5%置信水平（双侧）上显著相关，*** 在1%置信水平（双侧）上显著相关。同时，各回归变量的VIF都小于10，表明模型不存在严重的多重共线性问题。

定向增发中内部并购资产的评估值占上市公司净资产的比例

越大，内部并购实施后一年的 ROA 增长率越高。说明注入资产规模越大，对上市公司盈利改善越明显。因此，假设 5－1 得到验证。

此外，为了考察本章研究结果的稳健性，作者对上述模型进行了分阶段回归，结果也和上述验证结果基本一致。综合以上分析，本书回归结果具有较高的稳健性。

5.4 研究结论

结合前人的研究，作者发现我国上市公司与其集团之间的内部并购隐含着两种终极动机：支持和“掏空”。至于其真实动机，取决于实际控制人的财务状况、道德水平，以及是追求长远利益，还是短期利益。

我国上市公司的股权融资偏好，其背后往往是对于资金的渴望和利益的输送。作者以实施定向增发的内部并购事件为样本，发现定向增发作为近几年上市公司的重要融资手段，集团公司往往通过注入资产来改善上市公司的盈利。定向增发的内部并购中注入资产的规模越大，对于未来上市公司的盈利增长越大。说明实际控制人希望注入更多的盈利资产来改善上市公司的业绩，具有支持效应。

而定向增发中注入资产的增值率越高，其对上市公司业绩的负面影响越大，因此具有“掏空”效应。此外，实际控制人控制权和现金流权之间的差额越大，两权分离度越大，对 MCAR 的正面影响越大。说明两权分离度越大，定向增发的内部并购公告后的股价反应越好，投资者对增发和内部并购行为保持乐观。实际控制人通过定向增发进行内部并购注入资产，主要是支持上市公司的目的。

6　不同控制权结构下内部并购对托宾Q值的影响

企业集团目前已经成为重要的企业组织形式，规模稍大的企业往往都是以集团的形式存在及运转，尤其是跨国公司和业务多元化的企业。企业集团的内部边界对所属企业形成了一定的支持和约束，集团内部的企业间普遍存在着关联交易、相互投资、内部兼并收购等行为。

关于企业并购的研究很多，多是针对企业的外部并购，国内外还没有对于企业集团内部并购行为的系统的研究。许多关于并购的研究由于没有区分内部并购和外部并购的数据，将内部并购与一般的外部并购行为混同起来，没有真正反映企业集团内部并购的实质，并且一定程度上扭曲了并购效果的评价结果。

有些学者研究了企业集团内部的关联交易行为，内部并购行为从广义上讲也属于关联交易的一种，但与日常的关联交易行为在规模、影响、目的等方面都有很大的差别。因此，有必要对于内部并购行为及其影响进行单独的研究。

陈健、席酉民（2008）通过对于控制权研究的逻辑归纳，以股权结构——控制权类型——目标函数和动机——决策——绩效的研究逻辑，对企业集团归属、控制权集中度与关联并购的关系进行了理论分析。

他们运用中国上市公司1998～2004年间的关联并购数据，

对假设进行了二项逻辑回归分析。结果显示，附属于集团公司的上市公司更倾向于关联并购行为；上市公司控制权集中度与关联并购行为负相关。

不同的控制权类型对应不同的目标函数，其公司的决策行为也会不同，这些决策行为最终影响着企业的价值和绩效。而监督和制衡机制通过影响控制人的目标函数或通过投票机制影响公司重大决策，来影响公司的价值和绩效。

本章通过隶属于企业集团的上市公司在集团内部的并购事件，分析在不同的上市公司控制结构下，这些内部并购行为对公司价值指标——托宾Q值的影响，从而证明其“掏空”、支持的特征，以及公司治理效果。

6.1 理论分析与研究假设

6.1.1 控制权结构的研究

前人关于企业控制权的经典研究可以归纳为以下四种类型：一是分散股权与经理人控制；二是股权集中与大股东控制；三是多个大股东并存与股权制衡；四是企业集团与终极控制人。

从1932年Berle和Means发现美国企业的股权分散特征一直到20世纪80年代，基于广泛持股公司的委托代理问题和经理人控制问题一直是公司治理研究的焦点。学者们将企业的所有权结构默认为美国式的分散的股权结构，并在此基础上不断探索，而没有对于股权结构重新进行审视。

直到20世纪70年代以后，Eisenberg（1976），Demsetz（1983），Shleifer和Vishny（1986），Morck，Shleifer和Vishny

(1988) 对于这个理论基础进行了重新的研究，从不同国家的实证分析中指出并不是每个国家的企业都与美国的企业一样股权结构分散，即使在英美国家也存在大量的企业股权集中现象。Holderness 和 Sheehan (1988) 已经发现在美国有几百家上市公司拥有股份超过 51% 的大股东。

其他发达国家的研究发现在德国、日本、意大利和 7 个经济合作组织国家中更为显著的所有权集中 (European Corporate Governance Network)。在发展中国家，所有权也高度集中 (La Porta et al.，1999)。由于理论基础的变化，这一阶段研究的焦点转向大股东的控制及其影响。

一些实证研究显示很多国家公司的所有权明显地集中于少数大股东的手中 (La Porta et al.，1999)。在美国之外，持有相当大数量股票的几个大股东并存比较常见 (Barca 和 Becht，2001)。来自 5232 个欧洲公司的数据显示 39% 的企业至少有两个大股东，都持有至少 10% 的投票权，16% 的公司至少有三个大股东 (Faccio 和 Lang，2002)。Laeven 和 Levine (2008) 在一项关于 13 个西欧国家的 865 家上市公司的样本研究中，发现大约 1/3 的上市公司——超过 40% 的上市公司有一个大股东——有两个或更多的所有者每人持有超过 10% 以上的投票权。

到了 20 世纪 90 年代末，随着新兴市场的发展和研究的深入，Claessens 等 (2000)，Faccio 和 Lang (2002) 等学者发现新兴市场也普遍存在股权集中的现象，并且伴随着企业集团和终极控制人通过交叉持股、金字塔结构持股等方式控制大量企业的现象。研究的焦点转向企业集团为背景的公司控制问题，KEE-HONG BAE (2002)，Bertrand 等 (2002) 等发现企业集团下属企业之间的关联交易和并购行为往往体现了终极控制人的意志，对于企业有支持行为 (propping)，但也存在大量的对于中小股东利益侵占的行为——即“掏空”行为（tunneling）。

6.1.2 不同控制权结构下的控制者对于公司决策的影响

不同的控制权结构下控制者为了自身利益的最大化，产生出不同的目标函数。在分散持股的经理人控制下，经理人的目标是个人效用的最大化，偏离了股东追求的企业利润和价值的最大化（Fama 和 Jensen，1983a，b）。为了达到自身效用的最大化，除了直接侵占企业的资金外（Zingales，1994），经理们采取各种手段影响公司的决策，从而间接侵占企业的利益，如豪华地毯和公司飞机，控制对他们自己有利的投资项目，利用壕沟防御保住职位（Shleifer 和 Vishny，1988）等等。

在股权集中和大股东控制下，大股东的所有权越大，他就会有更大的动机去提高企业的价值。即这些更高的现金流是与小股东共享的，他们组成了控制的共享收益（Shleifer 和 Vishny，1986）。大股东也有用他们的投票权来消费公司的资源或享受公司的利益的动机，而这些并不与小股东分享，即享有控制权的私人收益（Barclay 和 Holderness，1989）。

在多个大股东并存的控制权结构下，企业的控制权由几个大股东分享，股东之间可能会产生相互制衡，其他大股东监督控制股东（Bolton 和 Von Thadden，1998）；也可能会形成控制联盟来获取控制权私人收益（Gomes 和 Novaes，2006）。

新兴市场国家中的企业集团是不完善的资本、劳动力市场和产品市场的替代物，因而有着独立企业所没有的竞争优势（Khanna 和 Palepu，1997，1999）。控制股东有强烈的从控制的企业中获取资源以增加他们的财富的动机，“掏空”行为可以采取很多形式（Johnson et al.，2000），例如，直接的盗窃或欺骗，或是通过关联（下属）企业之间的并购将资源转移出收购公司或被收购公司。

6.1.3 不同控制权结构对于企业绩效和价值的影响

不同的控制权结构下控制者为了自身利益的最大化，通过影响企业决策，最终影响到企业的绩效和价值。在分散持股的经理人控制下，经理人通过直接侵占和间接侵占手段，获取私人利益，使得委托人的福利受到了损失，导致大量的代理成本，降低了企业的价值。

股权集中会导致大股东控制，大股东的存在会强化对于经理人的监督，提高控制权的共享收益，全体股东都会受益，而大股东承担监督的成本；另一方面，大股东可能会为了控制权私人收益而损害小股东的利益。因而，大股东的存在对于企业的价值和绩效的影响是把“双刃剑”（Jensen 和 Meckling，1976）。

关于控制权利益和小股东的潜在侵占的一些相关证据来自于对所有权结构和业绩的研究。Morck、Shleifer 和 Vishny（1988）提出了最大股东现金流所有权和企业收益之间关系的证据，他们使用 Tobin's Q 进行度量。Morck 等发现所有权集中度在 0～5% 时盈利性上升，然后下降。对这个发现的一个解释是，和减少代理成本的动机的作用一致，经理和大股东所有权更高的企业的业绩首先提高。但是，当所有权超过一定点之后，大所有者获得几乎所有控制权，并且足够富有以至于喜欢用企业来创造那些不被小股东所分享的控制权的私人利益。因此高成本与高所有权和维护相连，同时极度分散的所有权也会这样。Stulz（1988）提出了一个所有权和业绩之间的对应关系的正式模型，这个模型被后来的经验研究所证实（McConnell 和 Servaes，1990）。

多个大股东的存在会对控制股东产生一定的监督和制衡作用（Bolton 和 Von Thadden，1998），会对企业的价值和绩效产生积极的影响。多个大股东并存，也可能会形成控制联盟以分享私人收益，对企业的价值和绩效产生负面的影响。

在新兴市场国家，企业集团的最终控制人可以通过金字塔结构、交叉持股、类别股份等手段创造出公司的现金流权和控制权的分离。控制性股东在部分集团下属企业中拥有较高的现金流权，而在另一些下属企业中拥有较低的现金流权。这种差异产生了“掏空”的动机，控制性股东倾向于将利润从现金流权比较低的企业转移到现金流权比较高的企业，从而影响下属企业的价值和中小股东的利益。转移过程可以通过多种方式实现，比如故意压低或抬高企业间拆借的利息率，操纵关联交易的价格，以及将资产高于市场价格（或低于市场价格）在企业间进行买卖等等（Friedman 和 Johnson，2003；Chang，2003）。

6.1.4 研究假设的提出

本书所述的内部并购行为，是指在企业集团内部企业之间的资产、股权的并购行为，包括企业集团内母子公司之间、兄弟公司之间的并购行为。这种内部并购并不会扩大企业集团的边界，是企业集团内部的资源整合。

结合上述前人研究的分析，内部并购作为公司重大决策行为之一，也体现了不同控制权结构下企业集团实际控制者的目标函数，并通过内部并购行为，最终影响到企业的绩效和价值。

(1) 股权集中度与内部并购公告后公司价值的关系

从控制权收益的观点来看，股权集中下的大股东的存在对于企业的绩效和价值有两方面的影响。一方面，大股东的存在可以带来控制权的共享收益（Shleifer 和 Vishny，1986）。大股东的所有权越大，就越有动力去提高企业的价值，其目标也与中小股东越一致，原因是其在公司价值和收益中所占的比重的增长，拥有更大的现金流权。另一方面，大股东的存在可能会导致其寻求控制权的私人收益，而损害小股东的利益，损害企业的价值和绩效。

我国上市公司的大股东通过内部并购行为对集团内资源进行重新配置，一方面可能是为了支持上市公司业绩的改善，以获取配股、增发等融资机会，或者避免被摘牌或者特殊处理的风险。通过集团内部的并购，将优质资源转移进入上市公司，或者将亏损资产转移出上市公司，以提高上市公司的业绩。另一方面，可能会通过内部并购的方式，将资产高价转让给上市公司，套取上市公司的资金和利益，满足上市公司所属企业集团的发展需求。

因此，对于股权集中度与内部并购公告后公司价值之间的关系还无法确定，需要实证分析来验证。作者在这里提出两个并列的假设：

假设 6－1a：股权集中度越高，内部并购公告后的公司价值越大。

假设 6－1b：股权集中度越高，内部并购公告后的公司价值越小。

(2) 股权制衡度与内部并购公告后公司价值的关系

多个大股东并存的控制权结构下，企业的控制权由几个大股东分享，股东之间可能会产生相互制衡，其他大股东监督控制股东；但也可能多个大股东会形成控制联盟来获取控制权私人收益。

Gomes，Novaes（2006）认为当保留有价值的控制权私人收益时，多个大股东并存且分享控制权可以保护小股东。但分享控制权并不总是有效率的，控制股东间事后的讨价还价会导致投资不足的问题，降低企业总体效率，也可能损害小股东利益。

多个大股东并存下的股权制衡的作用要依赖于大股东持股的相对规模。控制权的利益应当依据他们各自股权的相对规模在不同的大股东之间进行分配。因此，如果一个大股东的股份远远大于剩余的股份，小股东分享私人利益的可能减少了（Zwiebel，1995）。因此，其他股东的股份越大，即与控制股东的控制权竞争的实力越强，就越有能力影响控制股东的控制权私人收益的获取。

内部并购往往是控制股东用来达到自己利益的重要手段之一，如果没有其他大股东的存在，缺乏对于控制股东的监督，控制股东就有更大的可能采取内部并购的手段来掏空上市公司的资产或在特定的情况下支持上市公司的发展。但是如果存在其他的大股东，则可能会形成对于控制股东的有效监督，避免不利于其他股东的决策的出现，避免通过内部并购等行为来损害上市公司的利益，损害其他股东的利益。因此，在多个大股东存在的情况下，内部并购行为可能更有利于企业绩效的提高和价值的提升。

对于股权制衡度与内部并购公告后公司价值之间的关系还无法确定，需要实证分析来验证。本书提出两个并列的假设：

假设 6 – 2a：股权制衡度越高，内部并购公告后的公司价值越大。

假设 6 – 2b：股权制衡度越高，内部并购公告后的公司价值越小。

（3）终极控制人两权分离度与内部并购公告后公司价值的关系

从终极控制的理论研究来看，终极控制人在企业中的现金流权和控制权的分离决定着终极控制人的“掏空”和支持行为。由于金字塔的股权结构，终极控制人在企业中的实际的现金流权和控制权的差异越大（即控制权大于现金流权的差异越大），终极控制人越有动力和动机通过附属企业间的关联资产交易来转移资源，满足终极控制人的利益（Johnson et al.，2000；Friedman 和 Johnson，2003）。

在金字塔式的企业集团中，终极控制人会通过内部并购行为来实现自己的利益。终极控制人的现金流权和控制权分离度越大，终极控制人为了自身利益最大化，其决定的内部并购更可能会“掏空”企业集团下属的上市公司，从而损害上市公司的绩效和价值。因此，本书提出：

假设 6 – 3：终极控制人的控制权和现金流权的分离度越大，内部并购公告后的公司价值越小。

6.2 样本和变量的选择

除了累计异常收益在上文进行了专门说明外，其他变量作者在表 6 – 1 中进行了汇总说明。

表 6－1　　研究变量及说明

变量类型	变量代号	变量名称	变量界定
被解释变量	MCAR	累计异常收益	公告前后股价相对于指数的平均累计异常收益（计算方法见上文）
	ROA	总资产收益率	ROA＝净利润(含少数股东损益)×2/(期初总资产＋期末总资产)×100%
解释变量	zzl	增值率	定向增发中被收购标的资产评估的增值率
	pgzzb	评估值占净资产的比例	定向增发中被收购标的资产的评估值占上市公司净资产的比例
	zjzzb	增减值占净资产的比例	定向增发中被收购标的资产的评估值相对于账面值的增减值占上市公司净资产的比例
	C1	第一大股东持股比例	第一大股东持股百分比
	C5	前 5 大股东持股比例之和	前 5 大股东持股比例之和
	HI_Differences	HI 指数	前 5 大股东股权比例差额平方和的对数；$Hi\_Differences = \ln[(C1 - con2)^2 + (con2 - con3)^2 + (con3 - con4)^2 + (con4 - con5)^2]$
	UltimateCon	实际控制人拥有上市公司控制权比例	实际控制人直接或间接持有上市公司的股份比例之和
	Cash	实际控制人拥有上市公司的现金流权比例	Cash＝实际控制人直接持股比例＋∑间接持股比例×每个层级持股比例之积
	Separate	两权分离度	两权分离度＝实际控制人拥有上市公司控制权比例－实际控制人拥有上市公司的现金流权

续表

变量类型	变量代号	变量名称	变量界定
控制变量	GSSX	公司属性	1 = 国有企业；2 = 民营企业
	B/M	账面市值比	B/M = 所有者权益账面价值/股票市值
	Size	公司规模	内部并购事件公告当年年底的企业资产总额的对数
	Lev	杠杆率	内部并购事件公告当年年底的资产负债率

借鉴 Fama，French（1992），La Porta（1996），魏卉等（2012）的研究，本书选取资产负债率（杠杆率）、公司规模、B/M 等作为控制变量。

6.3 实证验证结果及分析

作者对研究变量做了描述统计。托宾 Q 值均值 1.66，标准差 0.98，最大值 8.44，说明不同上市公司发出内部并购公告之后其托宾 Q 值差异比较大。第一大股东持股最大 86%，最小 8.1%，均值 42%。而第 2 大股东持股最大 42%，最小 0.33%，均值 9.52%。

实际控制人拥有上市公司控制权比例最大 89%，最小 9.45%，均值 43.66%。实际控制人拥有上市公司的现金流权比例最大 86.5%，最小 2.47%，均值 36.69%。用来衡量实际控制人控制权和现金流权差异的两权分离度指标，最大 10 倍，最小 1 倍，均值 1.44 倍。见表 6－2。

从变量之间的相关性来看，解释变量和控制变量与被解释变量托宾 Q 值之间相关性都很显著。从股权集中度和股权制衡变量来看，C1、C2、C2345 和 HI_Differences 都与托宾 Q 值显著负相关。假设 1b 和假设 2b 得到验证。

表 6－2　研究变量描述统计

变量代号	样本量	极小值	极大值	均值	标准差
Tobin Q	628	0. 45	8. 44	1. 66	0. 98
C1	628	8. 10	86. 42	42. 00	16. 09
C2	628	0. 33	42. 41	9. 52	8. 84
C2345	628	0. 82	60. 81	16. 29	11. 43
HI_Differences	628	1. 67	8. 79	6. 86	1. 15
UltimateCon	628	9. 45	89. 41	43. 66	15. 95
Cash	628	2. 47	86. 51	36. 69	18. 36
Separate	628	1. 00	10. 00	1. 44	0. 84
B/M	628	0. 04	2. 11	0. 40	0. 29
Size	628	1. 36	9. 86	4. 36	1. 48
Lev	628	3. 60	95. 58	52. 45	18. 63
AT	628	0. 03	6. 06	0. 89	0. 71

从终极控制人控制权、现金流权和两权分离度来看，UltimateCon、Cash 与托宾 Q 值显著负相关，Separate 与托宾 Q 值显著正相关。假设 3 没有得到验证，与假设刚好相反。见表 6－3。

表 6－3　各变量之间的相关性分析

				Hi_Difference	UltimateCo	
	C1	C2	C2345	s	n	Cash
Tobin Q	－0. 17***	－0. 10**	－0. 07*	－0. 11***	－0. 18**	－0. 18***
C1		－0. 12***	－0. 30***	0. 92***	0. 88**	0. 76***
C2			0. 89***	－0. 27***	－0. 003	0. 03
C2345				－0. 46***	－0. 132**	－0. 10**
HI_Differences					0. 782**	0. 66***
UltimateCon						0. 88**

续表

		Separate	B/M	Size	Lev	AT
Tobin Q		0.08 **	-0.48 ***	-0.41 ***	-0.35 ***	0.10 **
C1		-0.24 ***	0.14 ***	0.33 ***	-0.01	-0.03
C2		-0.04	0.05	0.17 ***	-0.05	-0.01
C2345		0.002	-0.03	0.06	-0.02	0.02
Hi_Differences		-0.22 ***	0.11 ***	0.20 ***	-0.01	-0.01
UltimateCon		-0.32 **	0.12 **	0.34 **	0.02	-0.05
Cash		-0.59 ***	0.13 ***	0.36 ***	0.01	-0.07 *
Separate			-0.07 *	-0.15 ***	-0.01	0.06
B/M				0.45 ***	0.20 ***	-0.14 ***
Size					0.45 ***	-0.09 **
Lev						0.08 **

注：表中为 Pearson 相关系数。* 在 10% 置信水平（双侧）上显著相关，** 在 5% 置信水平（双侧）上显著相关，*** 在 1% 置信水平（双侧）上显著相关。

模型 1—7 是股权集中度和股权制衡度与托宾 Q 值之间的回归分析，其中模型 1—4 是 C1、C2、C2345 和 HI_Differences 分别与托宾 Q 值的回归（包括常数项和控制变量）；模型 5—7 是 C1 分别与 C2、C2345 和 HI_Differences 组合后，与托宾 Q 值的回归。

从股权集中度和股权制衡度与托宾 Q 值之间的回归分析结果看，作者发现：（1）第一大股东持股比例对内部并购公告后企业的托宾 Q 值有显著的负向影响。假设 1b 得到验证。（2）第 2 大股东持股比例、第 2—5 大股东持股比例之和对内部并购公告后企业的托宾 Q 值有显著的负向影响。假设 2b 得到验证。见表 6 -4。

模型 8—11 是控制权、现金流权和两权分离度与托宾 Q 值之间的回归分析，其中模型 8—10 是 UltimateCon、Cash 和 Separate 分别与托宾 Q 值的回归（包括常数项和控制变量）；模型 11 是 UltimateCon、Cash 和 Separate 组合后，与托宾 Q 值的回归。

表 6－4　　股权集中度和股权制衡的回归分析结果

变量代号	模型 1	模型 2	模型 3	模型 4	模型 5	模型 6	模型 7
constant	3.26 *** (23.56)	3.31 *** (15.09)	3.14 *** (25.24)	3.19 *** (24.76)	2.36 *** (7.03)	3.37 *** (23.42)	3.50 *** (22.76)
C1	－0.01 *** (－2.58)				－0.02 *** (－3.74)	－0.01 *** (－3.11)	－0.01 *** (－3.65)
Hi_Differences		－0.03 (－1.21)			0.22 *** (2.96)		
C2			－0.01 ** (－1.93)			－0.01 ** (－2.60)	
C2345				－0.01 ** (－2.26)			－0.01 *** (－3.43)
B/M	－1.27 *** (－10.00)	－1.26 *** (－9.89)	－1.27 *** (－9.99)	－1.28 *** (－10.07)	－1.30 *** (－10.28)	－1.28 *** (－10.12)	－1.30 *** (－10.29)
Size	－0.06 ** (－2.22)	－0.08 *** (－3.01)	－0.08 *** (－2.86)	－0.08 *** (－3.10)	－0.04 (－1.21)	－0.04 (－1.41)	－0.04 (－1.39)
Lev	－0.01 *** (－6.28)	－0.01 *** (－5.97)	－0.01 *** (－6.09)	－0.01 *** (－6.00)	－0.01 *** (－6.70)	－0.01 *** (－6.69)	－0.01 *** (－6.73)
AT	0.08 * (1.79)	0.08 * (1.75)	0.08 * (1.77)	0.08 * (1.79)	0.08 * (1.74)	0.09 * (1.88)	0.09 * (1.94)
R^2	0.32	0.32	0.32	0.32	0.33	0.33	0.34

注：因变量是托宾 Q 值。* 在 10% 置信水平（双侧）上显著相关，** 在 5% 置信水平（双侧）上显著相关，*** 在 1% 置信水平（双侧）上显著相关。同时，各回归变量的 VIF 都小于 10，表明模型不存在严重的多重共线性问题。

从控制权、现金流权和两权分离度与托宾Q值之间的回归分析结果看，作者发现：实际控制人拥有上市公司的控制权和现金流权比例，对内部并购公告后企业的托宾Q值有显著的负向影响。而控制权与现金流权的分离度对托宾Q值的影响并不显著，假设3没有得到验证。见表6-5。

表6-5　　控制权、现金流权和两权分离度回归分析结果

变量代号	模型8	模型9	模型10	模型11
constant	3.28*** (23.44)	3.20*** (24.79)	3.03*** (21.86)	3.28*** (19.20)
UltimateControl	-0.01*** (-2.67)			-0.004 (-0.732)
Cash		-0.005** (-2.54)		-0.02 (-0.47)
Seperate			0.04 (0.97)	-0.01 -0.15
B/M	-1.28*** (-10.06)	-1.28*** (-10.05)	-1.27*** (-9.92)	-1.28*** (-10.05)
Size	-0.06** (-2.20)	-0.06*** (-3.15)	-0.09*** (-3.16)	-0.06*** (-2.08)
Lev	-0.01*** (-6.24)	-0.01*** (-6.25)	-0.01*** (-5.91)	-0.01*** (-6.25)
AT	0.08* (1.72)	0.08* (1.67)	0.08* (1.68)	0.08* (1.70)
R^2	0.32	0.32	0.32	0.32

注：因变量是托宾Q值。* 在10%置信水平（双侧）上显著相关，** 在5%置信水平（双侧）上显著相关，*** 在1%置信水平（双侧）上显著相关。同时，各回归变量的VIF都小于10，表明模型不存在严重的多重共线性问题。

综上所述：

假设1b通过验证，说明股权集中度对内部并购公告后的公司价值有负向影响。第一大股东持股比例越大，内部并购公告后的公司价值越小，说明大股东更倾向于通过内部并购“掏空”上市公司，从而损害上市公司的价值。

假设2b通过验证，说明股权制衡度对内部并购公告后的公司价值有负向影响。股权制衡度越大，第一大股东控制力度越小，内部并购公告后的公司价值越小。虽然股权制衡度比较大，但是可能与第一大股东形成联盟关系，或者其他大股东并没有起到监督作用，从而导致内部并购公告后公司价值相对比较小。

假设3的回归分析验证结果不显著，作者认为可能有以下原因：一是，近些年来，我国对于上市公司掏空行为的制约制度逐步完善，如关联交易中关联股东限制投票，限制了具有较高控制权与现金流权的分离度的实际控制人和大股东的“掏空”行为。二是，上市公司往往是实际控制人所拥有的核心资产和重要的融资平台，因此一些实际控制人为了保住其上市资格，而对一些亏损或者业绩不好的上市公司通过内部并购来改善其盈利状况。

为了考察本书研究结果的稳健性，作者对上述模型进行了分阶段回归。由于2007～2008年股票市场波动巨大，对于托宾Q值有很大影响。因此，作者将2007～2008年的数据作为一组，2009～2013年的数据作为一组，分别进行回归分析，结果也和上述验证结果基本一致。同时，作者将上市公司终极控制人分为家族和国有两类样本，并分别对上述模型进行回归分析，结果也和上述验证结果基本一致。综合以上分析，本书回归结果具有较高的稳健性。

6.4 研究结论

本书通过对隶属于企业集团的上市公司在集团内部的并购事件的分析，来看在不同的上市公司控制结构下，其内部并购行为对公司价值指标——托宾Q值的影响。本书的实证分析结果显示，股权集中度对内部并购公告后的公司价值有负向影响。第一大股东持股比例越大，内部并购公告后的公司价值越小，说明大股东更倾向于通过内部并购“掏空”上市公司，从而损害上市公司的价值。股权制衡度对内部并购公告后的公司价值有负向影响，说明其他大股东可能与第一大股东存在联盟或者未充分履行监督职责。

上市公司实际控制人的控制权和现金流权的分离程度与内部并购公告后的公司价值无关。这与前人关于控制权与现金流权的分离度与公司价值之间关系的结论不同（Johnson et al.，2000；Friedman 和 Johnson，2003）。作者的解释是，近些年来，随着我国针对上市公司的公司治理制度的完善，制约了大股东和实际控制人对于上市公司的“掏空”行为。同时，一些实际控制人将上市公司作为企业集团重要的融资平台，有时反而会通过内部并购等方式给予上市公司支持。

随着我国上市公司治理制度和水平的提高，实际控制人侵占上市公司利益的情况有了明显下降，实际控制人也有通过内部并购支持上市公司的情况。但在我国上市公司与集团公司的内部并购中，在统计上显示仍有相当数量的实际控制人通过内部并购的方式侵占上市公司的利益。如实际控制人往往通过定向增发的形式以较高的价格，将资产注入上市公司，而借机实现资产的间接上市，高价套现退出。溢价过高的资产注入，损害了上市公司的价值，损害了其他股东和投资者的利益。

因此，作者建议监管机构和中介机构需要进一步强化对于实际控制人定向增发注入资产的审核，控制其注入的资产溢价；除实际控制人之外的其他大股东、机构投资者、独立董事也需要发挥监督的职责，能够对一些损害投资者利益的内部并购行为在董事会、股东会层面给予制止或修正；同时投资者也应该理性地下调对于高溢价资产注入的投资回报预期。

7 不同公司治理结构下的内部并购的绩效影响研究

不同公司治理结构下，公司治理的机制和效果不同。上市公司与企业集团之间的内部并购事件，受到不同上市公司的公司治理结构的影响。作者选取终极控制人控制程度、董事会结构、董事会规模、机构持股比例、董事长和总经理两职合一等指标来衡量在内部并购中上市公司的公司治理结构，并实证分析这些公司治理结构对内部并购绩效的影响。

7.1 理论分析和假设的提出

关于终极控制人控制程度和不同控制权结构的前人研究，在本书第四章和第六章中已经有所阐述，本章就不再赘述。下面主要是对其他公司治理结构的因素与企业绩效关系的前人研究进行一个综述，从而提出不同公司治理结构下的内部并购的绩效影响的研究假设。

7.1.1 董事会规模

董事会作为现代公司治理机制中的重要组成部分，对公司绩效和股东利益的有重要的影响。国外有学者对董事会规模和构成等影响因素展开相关的理论和实证研究。

Raheja（2005）认为，董事会的主要职责是监督计划实施并帮助管理者做出正确的决策。最优的董事会规模和构成取决于内部董事披露私人信息激励的最大化、外部董事项目监管成本的最小化和外部董事否决劣质项目能力最大化等因素之间的权衡，最优的董事会规模和构成是董事和公司自身特征的函数。

Boone et al.（2006）选取美国证券市场1988～1992年上市的所有工业企业为分析样本，对公司董事会规模和构成的决定因素进行了实证分析。他们发现董事会规模与公司规模及多元化程度正相关，并且反映了监管给公司带来的利益与监管成本之间的权衡；董事会独立性也与公司规模、多元化程度正相关，同时还和公司管理层的影响能力负相关，而与限制管理层这种影响能力的因素正相关。

Lincketal.（2006）以美国1990～2004年的近7000家企业为分析样本，检验了公司董事会结构的演变趋势和决定因素。实证结果发现，从20世纪90年代以来，美国董事会趋于小型化且独立性更强。同时，企业会根据董事会承担的监管和建议角色的成本和收益关系来构建其董事会，而且不同规模企业的董事会结构显著不同。

Cheng（2009）发现拥有更大规模董事会的企业其绩效的波动性更低。Cheng发现董事会规模与每月的股票回报、年度的资产账面回报、托宾Q值等的波动性呈现显著负相关。

牛建波（2009）通过对我国上市公司2000～2007年数据的分析发现，较大规模的董事会能够缩小公司绩效的波动程度；董事会规模对绩效波动性的影响机制主要是大型董事会成员间的沟通协调问题，而董事之间的搭便车问题难以对此做出解释；从影响途径而言，较大规模的董事会通过减少经营性应计、非经常性损益和经营性操控应计的波动而间接减少业绩的波动。

Lipton 和 Lorsch（1992），Jensen（1993）最先假设，董事会规模独立地影响公司治理（相对于董事会的其他特征）。他们认为，董事在会议室的优雅和谦让是以真理和坦率为代价，虽然董事会的监督能力随着董事数量的增加而提高，但是协调和组织过程的损失将超过董事数量增加所带来的收益，所以大董事会不如小董事会有效。当董事会变得太大，代理问题（比如，搭便车）会增加，董事会更倾向于是一种制度摆设。Lipton 和 Lorsch 认为，董事会规模最好为 8～9 人，最大不应超过 10 人。随后，Jensen 采纳他们的观点，认为董事之间的“相互仇视和报复”可能削弱董事会对 CEO 的监督和评价作用，当董事数量超过 7～8 人时，董事会就不能发挥应有的作用并易于受到 CEO 控制。Yermack（1996），Eisenberg 等（1998）证实了这个观点，他们的研究表明，董事会规模和托宾 Q 之间显著负相关。Loderer 和 Peyer 也发现较大的董事会和较低的公司价值相联系。值得一提的是，Loderer 和 Peyer 最后对二者之间的因果关系表示怀疑，并假设较大的董事会规模仅仅是公司营运较差的标识。

作者认为由于各国企业发展演变的背景不同、制度背景不同、治理模式不同，各国的董事会规模也不同，比如美国公司的董事会规模适中，而日本公司的董事会规模偏大。董事会的人数与公司的规模、业务的复杂程度等也有关系。

从前人研究来看，董事会的规模过大，会产生更高的沟通协调成本，以及董事之间搭便车的问题。而董事会规模过小，也会使得董事不能提供有效的决策支持，不能提供足够的行业和管理经验，对企业的绩效不一定有利。因此，每个企业需要根据自身的情况，选择一个合适的董事会规模，既不过分臃肿，又能够起到董事会应有的监督和决策的作用。

作者认为从内部并购的角度来看，董事会的规模如果越大，对内部并购的资产质量，对于资产盈利能力的把关越严格，因此对于公司未来业绩的影响越积极。所以作者提出：

假设7-1：董事会的规模越大，内部并购实施之后上市公司的业绩表现越好。

7.1.2 董事会结构

董事会制度的发展经历了三个阶段（宁向东，2005）。第一个阶段是内部人控制阶段，第二阶段是外部董事（即独立董事）为主的阶段，第三阶段委员会制度阶段。

从20世纪70年代开始，美国公司董事会构成上的显著变化，就是用外部董事来替换内部董事。到了80年代，董事会中独立董事比重略微超过50%；到90年代初，独立董事比重的中位数（均值）达到64%。而根据2004年3月9日美国的企业圆桌会议（The Business Roundtable）发布的第二份关于其成员企业治理的调查报告显示，企业董事会更趋向于独立。具体而言，81%的公司报告他们的董事会独立董事占了至少80%，且接近40%的公司董事会除CEO外，其余都是独立董事，99%的公司报告他们的董事会中独立董事占比至少60%。也就是，独立董事从产生以后，其在董事会中的比重一直呈现出上升趋势。

董事会的结构受到企业业务范围、董事会的监督功能发挥、以及与管理团队尤其是CEO之间的谈判等所决定的。

Fama和Jensen（1983），Coles等（2007），Lehn等（2009）认为董事会结构是由企业业务的范围和复杂程度决定的。企业进入新生产线和新的区域就会寻求新的董事会成员来监督管理层的绩效。

Demsetz和Lehn（1985），Gillan等（2003），Raheja（2005），Harris和Raviv（2007）认为董事会内部构成是由特定

业务和信息环境所决定的。Hermalin 和 Weisbach（1998），Baker 和 Gompers（2003）认为董事会的内部构成是企业 CEO 和外部董事会之间谈判的结果。

董事会结构对企业绩效具有重要影响，董事会中独立董事所占比例被作为董事会整体独立性的测量指标（Pfeffer，1972；Pearce and Zahra，1992；李常青，赖建清，2004）。关于独立董事与企业业绩的研究，其结论有所不同。Hermalin 和 Weisbach（1991）、Mehran（1995）以及 Bhagat 和 Black（1999）的研究都发现，独立董事比例与企业业绩不存在什么显著的相关关系。而 Yermack（1996）的研究表明，独立董事比例与托宾 Q 之间呈反比关系。Ronald（1998）对单一经营业务的企业进行了研究，他的研究结果表明，董事会中独立董事所占的比例和一些财务业绩指标呈反比关系。

白重恩等（2005）指出，治理水平较高的上市公司具有更高的市场价值，而合理的公司治理结构之一应该是董事会中外部人员占主导地位。Byrd 和 Hickman（1992）指出，独立董事在董事会中比例越高，股票市场的反应越积极。Pearce 和 Zahra（1992）的研究也指出，独立董事比例对公司绩效呈正向影响。王跃堂等（2006）以 2002～2004 年设立独立董事的中国 A 股上市公司为研究对象指出，即使在控制董事会内生性问题之后，独立董事比例和公司绩效之间仍表现出了显著正相关性。此外，Borokhovich，Parrino 和 Trapani（1996）研究指出，独立董事比例与外部 CEO 继任的频率之间存在显著的正相关关系，当公司中独立董事比例上升时，公司外部人员被任命为 CEO 的可能性就上升，并且这种任命外部人员担任公司 CEO 的行为能够带来股票市场的积极反应，使股东获益。

另一方面，也有部分研究指出，上市公司董事会中独立董事比例与企业绩效之间不存在显著的相关性。Bhagat 和 Black（1992）对公司绩效和董事会独立性的关系研究指出，独立性较高的公司并没有更好的绩效表现。李常青和赖建清（2004）以上海证券交易所上市公司为样本的研究指出，独立董事比例与公司绩效负相关；独立董事比例增加导致上市么司绩效下降可能正是独立董事发挥监督作用的结果。

董事会的独立性的提高，外部独立董事的引入和比例的提高，是近些年来董事会公司治理机制的一个主流方向。但独立董事是否能够发挥独立性的作用，尽职尽责，依据其专业性和经验，为维护中小股东利益和提升公司绩效做出贡献，在现实中却存在一定的疑问。

作者认为，在集团公司下属的上市公司中独立董事比例越高，在内部并购中董事会对注入资产的质量和盈利能力，以及注入资产的溢价率会做出更客观地评价。因此，作者提出以下假设：

假设 7－2：董事会中独立董事比例越高，内部并购实施之后上市公司的业绩表现越好。

7.1.3 两职合一

两职合一问题是指董事长和总经理职位是否由同一个人来担任。这个看似简单的问题，在公司治理研究里面却是很严肃的问题。

基于委托代理理论的学者认为董事长与 CEO 两职分离更有利于公司经营（Daily，1994）；基于现代管家理论和统一指挥原则的学者则认为两职合一能够为公司带来巨大优势（Lorsch 等，2005）；也有学者认为两职状态与公司绩效并没有显著关系（吴淑琨等，1998）。此外，基于权变思想的学者认为两职分离或两职合一应与公司内外部环境相匹配。

委托代理理论支持两职分离更优的观点，认为企业内部的利益相关者，特别是股东与管理层之间存在代理问题。股东和管理层分别享有剩余索取权和决策权，拥有决策权的管理层存在信息优势，基于理性人假设，管理层有做出机会主义行为以寻求信息租金的倾向，股东需要对这类可能的行为进行监督，建立董事会成为实现监督的有效途径。董事会独立非常重要，尤其要保证作为董事会领导者的董事长独立于管理层，两职分离领导结构能够促进董事会独立性，从而显著缓解代理问题。如果公司保持 CEO 与董事长两职合一，这位 CEO 兼董事长将掌控公司最高领导权，董事会地位反而在管理层之下，极大地影响董事会的监督和惩戒职能，降低管理层进行机会主义行为的成本，公司绩效受到严重威胁。

诸多学者试图从实证角度证明以上的观点，孙铮等（2001）对中国 1996 年之前上市的共 287 家公司进行分析，发现上市公司董事长兼任 CEO 的情况下，公司的业绩要明显比不兼任的情况差。

BAI et al.（2004）对 2000 年 1004 家中国上市公司进行研究，从托宾 Q 和股价净值比两个方面考察公司市场价值，发现两职合一与公司市值负相关；张耀伟等（2015）以 2010 年至 2012 年 1226 家沪、深 A 股上市公司为研究对象，发现董事会非正式层级存在积极效应，但是只有在两职分离的情况下才会体现出来，进一步验证了两职分离的价值。

支持两职合一的学者则基于统一指挥原则和现代管家理论，从领导结构清晰性和信息成本两个角度来证明他们的观点。从领导结构看，两职合一保证公司存在一个确定的领导核心，确保公司权责关系清晰，避免公司领导权混淆。这种统一指挥的领导结构使公司能够快速响应外部环境变化，更迅速地做出决策、制定战略，从而表现出更强的抗冲击能力。

从信息成本看，公司的 CEO 拥有相当可观的公司管理方面的专门知识和经验，想要使两职分离结构中的董事长也熟悉这些信息存在巨大的信息成本，两职合一可以避免这些成本，使董事长兼 CEO 对公司绩效更为敏感。此外，委托代理理论认为两职合一会使公司承受巨大的代理成本，代理成本产生于管理层的机会主义行为，而现代管家理论认为管理层并非一定具有机会主义倾向，因为其对声誉、尊严、成功、内在工作满足的追求以及利他偏好和责任心等，使他们得以克服机会主义行为的诱惑。

在经营者自律的基础上，管理层与股东以及其他利益相关者的利益一致，从而避免代理问题的发生，因此两职分离并非必须，对于诸多公司而言，两职分离的成本反而要高于收益。Ramdani（2010）对印尼、马来西亚、韩国和泰国 4 国的公司样本进行分析，发现两职合一的公司绩效较好，而董事会规模对这种正相关存在负向调节作用；严子淳等（2015）对 2010 年至 2012 年中国制造业主板上市公司数据进行实证分析，发现两职合一的公司董事会社会资本对企业研发投入的促进作用更强。

结合前人研究，作者认为在企业集团的背景之下，企业集团下属的上市公司的董事长通常是由实际控制人所担任，如果董事长与总经理两职合一，则内部并购时更倾向于实际控制人的利益，而不是中小股东的利益，注入的资产的性价比相对会更差一些，对公司未来业绩增长也更不利。因此，作者提出以下假设：

假设 7-3：上市公司两职合一时，内部并购实施之后上市公司的业绩表现越差。

7.1.4 机构持股比例

近几十年来，全球主要资本市场的机构投资者获得了迅猛的发展，机构投资者已成为资本市场的主导力量，同时在公司治理中正发挥着日益重要的作用。20 世纪 90 年代，机构投资者的监督成为公司控制权市场之外的另一个重要的外部治理机制。

机构投资者相对于个人投资者具有集中资金、专家管理、组合投资等优势，具有较强的选股和择时能力，倾向于长期投资和价值投资。机构投资者的存在不仅可以提高股票投资的收益，而且可以集中广大中小股东的力量，对控股股东进行监督，缓解代理问题，改善公司治理并提高公司绩效，从而促进股票市场的健康发展。

关于机构投资者与关联交易的研究，国内外研究基本存在两大观点。一种观点认为机构投资者对关联交易具有监督效应。McConnell 等（1990）研究发现机构投资者持股比例和公司价值存在显著的正向关系，机构投资者能够有效约束公司管理层的私利行为。Agrawal（1990），Nesbitt（1994）从公司业绩角度支持了这一观点。王琨等（2007）认为如果上市公司的前十大股东中包含机构投资者，其被关联企业占用的资金相对较低。刘志远等研究发现机构投资者对政府控制的上市公司的抑制作用要弱于对自然人控制的上市公司。

另一种观点认为，机构投资者对关联交易不具有监督效应。唐清泉等（2005）、李文华等（2012）研究发现机构投资者持股对上市公司发生关联交易的抑制作用并不显著，对公司发生关联担保不存在显著影响。高培涛等（2012）发现大型机构投资者对商品类交易不但没有起到应有的监督作用，而且其某些特征加剧了控股股东的关联交易。

关于机构投资者和终极控制人（控股股东）的关系，研究发现机构投资者对终极控制人有制衡作用。王奇波（2005）认为机构投资者与上市公司大股东进行控制权的竞争，可以减少大股东通过上市公司获取个人私利的行为。赵敏、张莉芳（2008）认为只有当证监会对大股东的行为达到一定的处罚程度，机构投资者才会对大股东的“掏空”行为产生制衡效应。王著（2012）研究发现机构投资者更容易发现控股股东的“隧道效应”，并且有能力联合其他中小股东召开股东大会或者董事会对控股股东进行制衡。姜毅（2013）认为机构投资者持股会制衡终极控制人两权分离度对于现金持有价值的侵害。叶松勤等（2013）研究发现机构投资者能有效监督大股东的非效率投资行为。张慕濒（2013）认为对于不按照上市公司制度“出牌”的大股东，机构投资者完全有可能夺取控制权。

一般来说，机构投资者最开始使用的治理手段是与公司管理层在私下进行沟通，以此来表达对公司经营管理的改进建议和不满之处等。这种方式能够避免机构投资者与公司管理层的直接冲突和分歧，是一种比较温和的方式，但这种方式由于缺乏严格约束而不容易达成协议。Hellman（2005）研究了瑞典8家机构投资者在1993～1995年2年间与所持股公司管理层进行的42次私下协商结果，发现机构投资者会告知公司管理层资本市场的发展趋势，并且会以自己掌握的信息给持股公司提出改善经营管理意见，但统计结果表明，这样的治理参与方式会造成更多的负面影响。

当私下沟通方式不足以改变公司经营管理层的决策之后，机构投资者会采取一些更加“强硬”的方式来介入公司治理，主要包括股东提案、接受或反对公司董事和管理层的提案、迫使公司更换管理层以及法律诉讼等手段。Gillan 和 Starks（2000）

搜集了 1987～1994 年 7 年间 2042 份股东提出的议案，实证检验机构投资者提出的议案是否具有积极意义。他们研究发现，机构投资者所提议案相比起个体股东，能够在股东大会获得更多的票数，提案被采纳的概率较大，但机构投资者提案的市场反应并不好。Del Guereio 等（2008）也通过搜集一手资料，包括 1993～2000 年 7 年间美国上市公司曾经经历的 112 次反对公司董事会和管理层决策行为的事件，他们对数据进行统计计量处理后发现，当机构投资者不满意现有董事会和管理层的经营绩效时，会倾向于同其余公司股东联合行动，以不投票的方式抗议董事会或者管理层的决策或行为，机构投资者的抗议行为通常会提升公司的经营绩效以及市场表现；当机构投资者的股东提案和反对提案都不能取得预期结果时，有可能会采取极端的积极主义行为，即法律诉讼方式，这种方式成本较高而且会持续很长时间，机构投资者会谨慎采用。

Cheng 等（2010）搜集了 1996～2005 年美国上市公司经历过的总共 1811 起诉讼案件的数据，他们的实证研究得到两方面的结果：一方面，当机构投资者作为法律诉讼的原告时，相比起个体投资者而言，其诉讼提案被通过的概率会更大一些；另一方面，当机构投资者作为原告的法律诉讼胜诉以后，该胜诉结果对公司治理改善的程度比起个体投资者的情况会更加显著一些，说明机构投资者采取法律诉讼手段具有改善公司治理的有效性。

同时，机构投资者对于企业的盈余管理行为也有抑制作用。Brickley（1988）较早关注了机构投资者在抑制盈余管理过程中的异质性问题，他认为，不同类型的机构投资者会对公司盈余质量产生不同的影响，尤其是短期机构投资者会出于实现短期的投资收益而实施盈余管理行为。Bushee（1998）的研究也认为，由于部分机构投资者追求短期收益，他们会协助公司管理层有意削减公司的研发支出从而在短期增加公司绩效。

前人研究还表明，机构投资者对管理层的薪酬，公司投融资行为，以及公司绩效都有影响。综合以上研究，作者结合企业集团下属上市公司内部并购情况来看，如果上市公司股东中机构投资者的持股比例越高，则机构投资者对内部并购的资产质量、价格和盈利潜力的审查更严格，因此注入资产后业绩增长会越好。因此，作者提出以下假设：

假设7－4：上市公司股东中机构投资者持股比例越高，内部并购实施之后上市公司的业绩表现越好。

最后，作者依据第6章中的理论分析（这里不重复阐述），提出控制权、现金流权和股权制衡度与内部并购实施后公司业绩之间关系的假设：

假设7－5：实际控制人的控制权越大，内部并购实施的绩效越好。

假设7－6：实际控制人的现金流权越大，内部并购实施的绩效越好。

假设7－7：股权制衡度越大，内部并购实施的绩效越好。

7.2　样本和变量的选择

作者根据上述上市公司治理和内部并购的假设，结合前人的研究，选择以下的一些因变量、自变量和控制变量，并验证这些变量之间的关系。本章主要是验证涉及内部并购的上市公司的公司治理结构与内部并购后绩效之间的关系。

在因变量中选择的变量有：股票价格的累计异常收益、

ROA、净利润的增长率等。在自变量中选择的变量有：实际控制人持股、控制权和现金流权分离度、股权集中度、定向增发规模、定向增发资产增值倍数、增发时 PE、增发资产的 PE 等。在控制变量中选择的变量有：公司属性、账面市值比、公司规模、财务杠杆率等（见表 7－1）。

表 7－1　　研究变量及说明

变量类型	变量代号	变量名称	变量界定
被解释变量	MCAR	累计异常收益	公告前后股价相对于指数的平均累计异常收益（计算方法见上文）
	ROA	总资产收益率	ROA＝净利润（含少数股东损益）×2/（期初总资产＋期末总资产）×100%（这里用公告后一年的 ROA）
解释变量	Dnumber	董事会规模	董事会人数
	IDRatio	独立董事占比	独立董事人数占董事会人数的比例
	LZHY	两职合一	董事长和总经理两个职位是否同一个人，如果两职合一＝1，两职不是同一个人＝2
	WYH	委员会数量	董事会下设委员会的数量
	JGRatio	机构投资者持股比例	当年底机构投资者持股比例合计
	HI_Differences	HI 指数	前 5 大股东股权比例差额平方和的对数：$Hi\_Differences = \ln[(C1 - con2)^2 + (con2 - con3)^2 + (con3 - con4)^2 + (con4 - con5)^2]$
	UltimateCon	实际控制人拥有上市公司控制权比例	实际控制人直接或间接持有上市公司的股份比例之和
	Cash	实际控制人拥有上市公司的现金流权比例	Cash＝实际控制人直接持股比例＋∑间接持股比例×每个层级持股比例之积

续表

变量类型	变量代号	变量名称	变量界定
解释变量	Separate	两权分离度	两权分离度 = 实际控制人拥有上市公司控制权比例 - 实际控制人拥有上市公司的现金流权
控制变量	GSSX	公司属性	1 = 国有企业；2 = 民营企业
	Size	公司规模	内部并购事件公告当年年底的企业资产总额的对数
	B/M	账面市值比	B/M = 所有者权益账面价值/股票市值
	Lev	杠杆率	内部并购事件公告当年年底的资产负债率

借鉴 Fama，French（1992），La Porta（1996），魏卉等（2012）的研究，本书选取资产负债率（杠杆率）、公司规模、B/M 等作为控制变量。

为验证上述假设，本书选取上海和深圳证券交易所中归属于企业集团的下属上市公司（A 股）作为研究对象，选择这些上市公司中 2010 ~ 2014 年发生的内部并购事件作为样本进行研究。研究变量的数据来源于 wind 数据库、国泰安数据库、公司公告等。作者选择终极控制人为家族或者政府的上市公司，并且并购交易金额超过 1000 万元，同时去掉数据不全和重复的数据，最终获得 522 个横截面数据。

7.3 实证验证结果和分析

作者对研究变量做了描述统计。ROA 均值 2.63%，标准差 6.81%，最大值 23.08%，说明不同上市公司发出内部并购公告之后一年 ROA 差异比较大。

实际控制人拥有上市公司控制权比例最大 89.89%，最小 8.54%，均值 42.76%。实际控制人拥有上市公司的现金流权比例最大 89.89%，最小 2.64%，均值 35.44%。用来衡量实际控制人控制权和现金流权差异的两权分离度指标，最大 40.17%，最小 0，均值 7.32%。见表 7－2。

表 7－2　　研究变量描述统计

变量代号	N	极小值	极大值	均值	标准差
MCAR（T+0）	523	-9.52	9.84	-0.09	2.84
ROA	523	-53.92	23.08	2.67	6.74
Dnumber	523	0.00	17.00	8.94	1.89
IDRatio	521	0.25	0.71	0.37	0.05
LZHY	523	0.00	2.00	1.80	0.44
WYH	523	1.00	6.00	3.98	0.49
JGRatio	523	0.00	93.01	44.86	21.21
HI_Differences	523	0.13	7240.31	1441.24	1181.77
UltimateCon	523	8.54	89.89	42.76	14.52
Cash	523	2.64	89.89	35.44	16.63
Separate	523	0.00	40.17	7.32	8.94
GSSX	523	1.00	2.00	1.47	0.50
Size	523	4.07	7.41	5.70	0.58
B/M	523	-0.44	1.96	0.40	0.27
Lev	523	1.68	105.48	51.00	21.82

根据表 7－3 的各变量之间的相关性分析，作者发现内部并

购公布当日股价的累计异常收益 MCAR（T+0）[①] 与董事会中独立董事人数占比有负相关关系，即董事会中独立董事占比越大，内部并购的累计异常收益表现越差；因此，假设 7-2 没有得到验证，结论恰恰相反，说明独立董事在内部并购中并未起到应有的治理作用。

MCAR（T+0）与衡量股权制衡度的 HI 指数正相关，与实际控制人的控制权正相关，与实际控制人的现金流权显著正相关。HI 指数、实际控制人的控制权和现金流权越大，内部并购的累计异常收益表现越好。因此，假设 7-5，假设 7-6，假设 7-7 得到验证。

MCAR（T+0）与董事会人数的相关性不强，假设 1 没有得到验证。即董事会的人数规模与内部并购的绩效没有明显的关系。

内部并购后一年的总资产收益率 ROA 与实际控制人的控制权正相关，即实际控制人对上市公司的控制权越大，内部并购后一年的 ROA 越大，假设 7-5 得到验证。ROA 与公司属性显著正相关，即民营上市公司是在发生内部并购后一年的 ROA 要比国有上市公司更大一些。同时，ROA 还和 B/M 和 Lev 成负相关关系，即上市公司的 B/M 和财务杠杆率越大，其内部并购后一年的 ROA 越小。

两职合一指标与 MCAR（T+0）、ROA 的相关性都不强，假设 7-3 并没有得到验证。鉴于其相关性较弱，作者并未将其作为解释变量继续进行回归分析。

---

① 并购公布当日股价的累计异常收益 MCAR（T+0）：如果并购当日停牌，则取复牌后第一个交易日的收盘价计算其累计异常收益，作为 MCAR（T+0）。

表 7－3　各变量之间的相关性分析

	ROA	Dnumber	IDRatio	LZHY	WYH	JGRatio	HI_Differences
MCAR（T+0）	0.016	0.081	-0.101*	0.009	-0.024	0.082	0.099*
ROA		0.035	-0.055	0.052	0.004	0.077	0.054
Dnumber			-0.401**	0.143**	0.040	0.141**	0.079
IDRatio				-0.175**	-0.004	-0.016	0.041
LZHY					0.043	0.169**	0.130**
WYH						0.007	-0.067
JGRatio							0.343**

	UltimateCon	Cash	Separate	GSSX	Size	B/M	Lev
MCAR（T+0）	0.095*	0.122**	-0.073	-0.018	0.082	0.065	-0.015
ROA	0.089*	0.044	0.062	0.133**	0.032	-0.125**	-0.310**
Dnumber	0.080	0.073	-0.006	-0.229**	0.358**	0.127**	0.143**
IDRatio	0.025	0.095*	-0.135**	-0.004	0.013	-0.022	-0.051
LZHY	0.128**	0.063	0.090*	-0.163**	0.175**	0.022	0.146**
WYH	-0.036	-0.001	-0.057	-0.023	0.014	-0.002	0.123**
JGRatio	0.317**	0.215**	0.115**	-0.300**	0.407**	0.142**	0.174**
HI_ Differences	0.675**	0.545**	0.083	-0.182**	0.288**	0.136**	0.017
UltimateCon		0.844**	0.055	-0.166**	0.335**	0.128**	0.019
Cash			-0.490**	-0.289**	0.302**	0.167**	0.021
Separate				0.267**	-0.019	-0.102*	-0.008
GSSX					-0.370**	-0.292**	-0.238**
Size						0.451**	0.423**
B/M							0.046

注：表中为 Pearson 相关系数。* 在 10% 置信水平（双侧）上显著相关，** 在 5% 置信水平（双侧）上显著相关，*** 在 1% 置信水平（双侧）上显著相关。

根据相关性分析结果，作者选取相关性较强的解释变量与

MCAR 和 ROA 分别采用多元回归的方法进行分析。

从表 7－4 来看，独立董事占董事会人数的比例对内部并购公告后的累计异常收益 MCAR（T＋0）有显著的负面影响，独立董事占比越高，内部并购后上市公司的股价表现越差。说明独立董事占比对内部并购资产的质量并未起到把关的作用，独立董事的监督效果并未有效发挥。因此，假设 7－2 未得到验证。

实际控制人的现金流权对 MCAR（T＋0）有显著的正面影响，实际控制人的现金流权越大，内部并购后上市公司的股价表现越好。因此，假设 7－6 得到验证。见表 7－5。

表 7－4　累计异常收益 MCAR 回归分析结果

变量代号	模型 1	模型 2	模型 3
constant	-0.565 (-0.32)	-2.75 (-1.79)	-0.475 (-0.27)
IDRatio	-5.83** (-2.40)		-6.37*** (-2.63)
Cash		0.02** (2.31)	0.021** (2.55)
GSSX	0.05 (0.19)	0.21 (0.76)	0.20 (0.73)
Size	0.50 (1.83)	0.32 (1.13)	0.33 (1.18)
B/M	0.24 (0.45)	0.33 (0.61)	0.27 (0.50)
Lev	-0.008 (-1.25)	-0.005 (-0.74)	-0.006 (-0.87)
R^2	0.021	0.02	0.033

注：因变量是 MCAR（T＋0）。* 在 10% 置信水平（双侧）上显著相关，** 在 5% 置信水平（双侧）上显著相关，*** 在 1% 置信水平（双侧）上显著相关。同时，各回归变量的 VIF 都小于 10，表明模型不存在严重的多重共线性问题。

表 7 -5　　内部并购实施后一年 ROA 的回归分析结果

变量代号	模型 4	模型 5	模型 6
constant	-9.25 ** (-2.44)	-12.90 *** (-3.88)	-8.84 ** (-2.33)
IDRatio	-11.49 ** (-2.20)		-11.21 ** (-2.15)
JGRatio		0.03 * (1.94)	0.026 * (1.87)
GSSX	1.22 ** (2.07)	1.49 ** (2.49)	1.43 ** (2.39)
Size	4.15 *** (7.06)	3.72 *** (6.00)	3.78 *** (6.10)
BM	-6.13 *** (-5.3)	-5.83 *** (-5.03)	-5.95 *** (-5.13)
Lev	-0.13 *** (-9.65)	-0.13 *** (-9.48)	-0.13 *** (-9.60)
R^2	0.193	0.192	0.198

注：因变量是 ROA。* 在 10% 置信水平（双侧）上显著相关，** 在 5% 置信水平（双侧）上显著相关，*** 在 1% 置信水平（双侧）上显著相关。同时，各回归变量的 VIF 都小于 10，表明模型不存在严重的多重共线性问题。

从表 7 -5 来看，独立董事占董事会人数的比例对内部并购实施后一年 ROA 呈显著的负面影响，即独立董事占比越高，内部并购实施后一年的 ROA，也就是盈利能力越低。与假设 7 -2 相反，假设未得到验证。说明独立董事对内部并购的资产并未起到监督和把关的作用，独立董事的公司治理效果不显著，没有起到保护中小投资者利益的作用。

而机构投资者持股比例对内部并购实施后一年 ROA 呈显著

的正面影响，即机构投资者持股比例越高，内部并购实施后一年的ROA，也就是盈利能力越高。说明机构投资者起到了有效的外部监管的作用，机构投资者持股比例越高，机构投资者在上市公司的利益越大，其对上市公司通过内部并购注入资产的监管越严格，注入资产的质量和性价比越高，从而保证能够更好地促进上市公司盈利能力的提高。因此，假设7－4得到验证。

控制变量公司属性与内部并购实施后一年ROA有显著的正向关系，说明民营上市公司内部并购后一年ROA要明显高于国有上市公司。说明民营上市公司注入资产的盈利能力更强一些。

上市公司资产规模越大，其内部并购实施后一年ROA越大，盈利能力越好；而上市公司的净资产占市值比例越低，或者说市净率越大，即市场估值水平越高，其内部并购实施后一年ROA越大，即高估值的上市公司内部并购之后其盈利能力会提升。说明高估值的公司往往通过内部并购资产，提升其盈利能力，以保持其较高的估值。

上市公司财务杠杆（资产负债率）越高其内部并购实施后一年ROA越低，盈利能力越差。

此外，为了考察本章研究结果的稳健性，作者对上述模型进行了分阶段回归，结果也和上述验证结果基本一致。综合以上分析，本书回归结果具有较高的稳健性。

7.4 研究结论

本章通过隶属于企业集团的上市公司在集团内部并购事件来分析在不同的公司治理情况下，其内部并购行为对公司绩效的影响。实证分析结果显示，独立董事占比与内部并购的绩效之间是负相关的关系，说明独立董事并没有发挥出其保护中小投资者利益和有效监督注入资产盈利能力的作用，独立董事的公司治理作用在很多上市公司的内部并购中无效。

机构投资者作为外部的公司治理力量，其持股比例越高，内部并购实施之后上市公司的盈利能力越好。说明机构投资者的外部治理效果比较显著，在内部并购资产的盈利能力监控上比较有效，机构投资者通过“用手”和“用脚”投票的方式来影响内部并购注入资产的质量和价格。

股权制衡度越大，内部并购实施的绩效越好，说明其他大股东对实际控制人存在一定的制约作用。实际控制人的现金流权越大，内部并购公告的股价表现越好，说明现金流权越大的实际控制人更多的是通过内部并购来支持上市公司的发展。此外，董事会人数和两职合一情况与内部并购后上市公司绩效无关。

8 基于内部并购的企业集团公司治理建议

通过上述几章的分析，作者发现企业集团内部并购行为存在一定的大股东“掏空”的行为，尤其是在定向增发注入资产的过程中，一些被并购资产存在明显的价格高估，并对上市公司未来业绩产生了显著的负面影响。

企业集团下属上市公司的治理水平决定了内部并购的绩效及其影响。因此，需要从不同的角度加强企业集团的公司治理水平。

8.1 加强企业集团下属上市公司董事会建设

上市公司的董事会作为连接股东和管理层的核心环节，起到监督和决策的双重作用。但从前人研究和作者的实证分析可以看到，在内部并购中上市公司董事会往往没有发挥其应有的作用。在内部并购中，存在着注入资产价格过高，注入资产的盈利能力较差等问题，而上市公司的董事会要么被实际控制人所控制，要么就是未有效发挥监督和决策的职能。自 2000 年以来，随着法律法规的不断完善，引入独立董事制度、累计投票权制度等，我国上市公司的治理得到很大的改善，类似于大股东资金占用、违规担保等传统的公司治理问题基本得到抑制，但很多新的形式和问题层出不穷，董事会的功能还需进一步完善。

8.1.1 提高独立董事的独立性和作用

(1) 独立董事制度的产生和发展

独立董事制度最早起源于20世纪30年代，1940年美国颁布的《投资公司法》是其产生的标志。该法规定，投资公司的董事会成员中应该有不少于40%的独立人士。其制度设计目的在于防止控制股东及管理层的内部控制，损害公司整体利益。

20世纪六七十年代以后，美国各大公众公司的股权越来越分散，董事会逐渐被以CEO为首的经理人员控制，以至于对以CEO为首的经理人员的监督已严重缺乏效率，内部人控制问题日益严重，人们开始从理论上普遍怀疑现有制度安排下的董事会运作的独立性、公正性、透明性和客观性。继而引发了对董事会职能、结构和效率的深入研究。在理论研究成果与现实需求的双重推动下，美国立法机构及中介组织自20世纪70年代以来加速推进独立董事制度的进程。

1976年美国证监会批准了一条新的法例，要求国内每家上市公司在不迟于1978年6月30日以前设立并维持一个专门的独立董事组成的审计委员会。由此独立董事制度逐步发展成为英美公司治理结构的重要组成部分。据科恩—费瑞国际公司2000年5月份发布的研究报告显示，美国公司1000强中，董事会的年均规模为11人，其中内部董事2人，占18.2%，独立董事9人，占81.1%。另外，据经合组织（OECD）的1999年世界主要企业统计指标的国际比较报告，各国独立董事占董事会成员的比例为：英国34%，法国29%，美国62%。独立董事制度的迅速发展，被誉为独立董事制度革命。

（2）我国独立董事制度的产生和运行情况

我国借鉴英美公司治理模式，在1997年后也开始设立独立董事制度。不同的国家实行独立董事制度的动因是不同的，美国是为了解决公司股权分散情况下的“内部人控制”问题，即解决如何有效监督公司CEO等管理层问题；而我国是为了解决公司股权集中情况下的“控股股东滥用控制权”问题，即解决如何有效监督公司董事长等“关键人控制”问题。

我国设立独立董事，始于1997年12月中国证监会发布的《上市公司章程指引》。2001年8月，中国证监会颁布了《关于在上市公司建立独立董事制度的指导意见》。2005年10月《公司法》第一百二十三条规定：“上市公司设立独立董事，具体办法由国务院规定。”面对我国上市公司中小股东权益容易遭受侵害的现实，新《公司法》试图通过将独立董事制度上升为法律制度来加强对中小股东权益的保护。

推行独立董事制度主要目的之一是对于大股东利益侵占行为的治理，抑制大股东对上市公司的恶意资金占用行为。证监会于2001年发布的《关于在上市公司建立独立董事制度的指导意见》要求重大关联交易应得到独立董事的认可。

杨有红，黄志雄（2015）针对独立董事履职过程和效果受到广泛质疑的状况，基于对国外独立董事制度变迁以及我国客观环境的分析，将独立董事职责划分为合规性和效益性两个层次，通过问卷调查对现阶段独立董事履职状况进行了研究。他们发现独立董事履行合规性职责方面表现突出，独董个人风险和保护意识是主要影响因素；独立董事在履行效益性职责方面差强人意，履职效果受企业重视程度和沟通程度影响较大；现阶段独立董事所处客观环境不理想，独立董事与会时间安排以及所需资料不能得到有效保障；董事会表决前的征询意见和议案修改是独立董事投反对票或弃权票比例低的重要因素；任职企业存在违规风险是独立董事非常规辞职主要原因。

陈睿等（2015）利用2005～2011年独立董事的独立意见数据，通过对独立意见发表后1～3年内独立董事离职和获得新职的观测以及离职独立董事与其继任者在独立性和声誉水平两个方面的比较，对独立董事的“逆淘汰”进行了实证检验。研究发现，在被独立董事提出质疑的上市公司群体中，“逆淘汰”效应非常严重，尽职独立董事离职概率显著较高，并且其继任者的独立性和声誉水平均较低。独立董事人力资本市场对这种局部上市公司的“逆淘汰”效应并未给予纠正，反而在更大范围内加剧了“逆淘汰”，尽职独立董事随后获得其他公司独立董事的职位数显著低于未尽职独立董事，这也说明独立董事市场缺乏有效的声誉奖惩机制。另外，绝大多数尽职独立董事的离职发生在最长任期未满的董事会换届之时，这表明独立董事任免权被实际控制人掌握的制度设计缺陷是导致独立董事“逆淘汰”的根源。

作者统计了2015年我国上市公司董事和独立董事的情况，见表8－1。

表 8－1　　2015 年我国上市公司董事和独立董事

上市公司数量	董事人数	独立董事人数	每家公司董事人数	每家公司独立董事人数	独立董事占比
2834	29617	12183	平均：10.45 最高：27 最低：5	平均：3.91 最高：13 最低：0	平均：38% 最高：80% 最低：0
独立董事兼职数量	独立董事薪酬（万元）	董事会下设委员会数量	独立董事委托出席董事会会议比例	独立董事缺席董事会会议比例	
平均：2.38 最高：27 最低：0	平均：6.86 最高：106 最低：0	平均：4 最高：8 最低：0	平均：2.02% 最高：100% 最低：0	平均：0.27% 最高：100% 最低：0	

注：数据来源于国泰安数据库。共 2834 家上市公司，其中 31 家公司没有独立董事，还有 6 家公司只有 1 名独立董事，独立董事占比小于 30%。有 1573 家上市公司董事会下设委员会。

从表 8－1 可以看到，我国上市公司董事会基本都配置了独立董事，但独立董事占比差异比较大，最高的达到 80%。董事会人数最多的 27 人，最少 5 人。

董事会下设委员会数量差异也比较大，最多的（600993 马应龙）设立了 8 个委员会，平均为 4 个委员会。独立董事缺席会议情况总体占比还不算大，但在 2015 年有 11 名独立董事完全缺席董事会会议，15 名独立董事完全委托出席。

作者根据上述研究和统计，认为我国上市公司独立董事的作用并没有得到有效的发挥。独立董事也往往扮演“花瓶”董事、“橡皮图章”的角色。主要表现在：

①一些独立董事的专业性水平不够。在涉及公司治理有关法律法规方面不熟悉，虽然不乏专家、学者、退休的官员、企

业高管等，但对企业所处行业和经营管理缺乏专业对口，即“独董不懂”；

②独立董事的独立性不够。由于遴选机制的原因，多数上市公司的独立董事很难摆脱相关利益方的影响，无法真正起到为中小投资者利益代言的作用，即“独董不独”。

③独立董事获取信息不足。独立董事获取信息受到管理层和执行董事等的影响，不能取得同等和完全的信息，对独立董事做出客观公正的判断产生了影响。

④独立董事真实表达自己观点的积极性不强。往往倾向于“搭便车”、“随大流”，提出反对或者弃权意见的很少。

⑤独立董事勤勉不足。独立董事兼任情况非常普遍，而且这些成功人士往往事务繁杂，因此没有过多的精力投入到独立董事事务中。一些独立董事亲自参会的次数往往打了折扣，同时也无暇认真对待独立董事所应有的职责。

⑥独立董事报酬激励约束制度设计不合理。目前，还没有对独立董事进行客观评价的中介机构，信誉市场也没有形成，很难科学地评估独立董事的水平和履行职责的情况，又由于没有确定独立董事收入的合理标准，更没有考虑到独立董事专业知识、技能、经验的积累成本和承担责任的风险成本，造成了我国对独立董事报酬激励约束制度设计不合理，独立董事的收入仍然偏低。独立董事难以获得与其付出基本相当的、较为合理的报酬，也就难以提高其工作的积极性。

⑦责任承担不清晰。《指导意见》对于独立董事违反法定义务，给公司造成损失责任的承担，没有相应的规定。司法实践中，对独立董事责任的追究，一般参照我国《证券法》和《公司法》中对于董事责任追究的相关规定，可是这些规定也比较原则、缺乏可操作性。同时，由于“一刀切”，没有将外部（独

立）董事的责任与内部（执行）董事的责任区别开来，这既不合理也不客观；而且独立董事并非荣誉性职务，我国未对独立董事履行勤勉义务提供具体标准，其承担的责任风险更大。为了减小风险，独立董事往往保守谨慎、畏首畏尾，难以积极进取，导致了公司决策过程冗长、效率低下，容易在瞬息万变的市场竞争中丧失商机。

(3) 强化独立董事的作用

根据上述分析，作者认为应该继续强化独立董事在上市公司中的作用。

①增强独立董事的独立性

要增强独立董事的独立性，最重要的是完善独立董事的任职条件和选任程序。上市公司在选任独立董事时，应当禁止与公司管理层有私人关系（包括同学、战友、朋友、师生关系等）的人担任独立董事；禁止与公司之间有商事交易关系的人担任独立董事。设立由独立董事构成的提名委员会，负责独立董事人选的提名。

首任独立董事则由单独或合并持有上市公司已发行股份1%以上的股东提名，由股东大会以累积投票制的方式选举产生。所谓累积投票制是指股东在选举独立董事的投票中，可投票数等于其所持股份乘以所要选举的人数，股东可以将这些票投给一个候选人或若干个候选人，每个候选人所得票数单独计算，以得票多者当选。这样，可以保证中小股东在持股比例较低的情况下，选出其信任的独立董事。

实行回避制度，将独立董事提名权限定为中小股东的权利，控股股东将提名权让渡给中小股东后仍享有表决权，或者控股股东享有对独立董事的提名权，但在投票时回避，杜绝出现控股股东既有提名权又有投票权的现象。

重点吸引法律、财会、管理等专业人士担当独立董事，优化独立董事队伍的知识结构，形成独立董事任职的保障机制。实行独立董事准入制度，建立独立董事协会，积极推荐独立董事人选。

②合理设计独立董事的激励约束制度

首先要保障独立董事获得合理的报酬。如果数额较少，不足以吸纳优秀的专业人才担当独立董事；如果数额较多，可能会影响独立董事独立性的发挥。其次，建立由第三方对独立董事报酬进行评定的制度，切断独立董事的报酬与董事会、特别是控股股东的关系。

在激励约束方面，可借鉴英美模式。首先，应当明确报酬支付标准的上下限，明确下限是为了避免因报酬过低而影响独立董事工作的积极性；明确上限是为了防止因报酬过高而导致独立董事丧失独立性。其次，可以考虑在固定津贴及会议费外，配给独立董事一定的股权，数量要在独立董事的正当权益与独立性之间均衡。这样可以使独立董事的正当权益与中小股东的权益趋于一致，促使其站在中小股东权益上思考判断；同时，独立董事持有公司的股权，与公司的利益一致，从而使之更勤勉、忠诚地履行职责，为公司的发展贡献才智。

③厘清独立董事应承担的责任

独立董事对公司和全体股东主要负有忠诚、勤勉责任，这些责任的履行应以法律作保障。独立董事既然有独立性，也应独立承担法律责任和忠诚责任。要特别甄别忠诚责任和勤勉责任的界线，忠诚责任应规定与内部董事一样的标准，而勤勉责任则应按有别于内部董事的特殊标准掌握。我国《公司法》明确规定董事对公司负有勤勉责任，但未对勤勉责任提供标准。

这可以借鉴美国的做法，采用主客观标准相结合，同时引进商业判断原则的方法，使董事权力受到责任制衡的同时，正常的职务行为免于责任追究。

8.1.2 提高董事会决策的效率和效果

董事会的一个重要功能就是决策功能，董事会决策的重大事项，包括内部并购事件，对公司未来发展至关重要。其决策的效率和效果，影响未来公司的业绩。

关于董事会决策的研究，现有文献主要考察董事会的决策总体是否有效和如何提高董事会的决策效率。

通过理论模型分析 Warther（1998）发现，要提高董事会的有效性可以采取下列措施：保护董事会成员席位的安全、董事会薪酬与企业的业绩挂钩、董事会的信息公开并让董事易于理解，而补偿被董事会驱逐的董事，以及免除董事承担业绩下滑的责任。Schwartz-Ziva & Weisbach（2013）使用 2007 ~ 2009 年以色列 11 家国有企业董事会会议纪要的数据发现，董事会的大部分时间都在监督企业管理者，而且是一个积极的监督者。这说明整体而言，董事会的决策是有效率的。但是，他们还发现有 2.5% 的概率，董事会可能会部分或者完全反对 CEO 的提议。非赞成票如此之低的比率，说明投票时董事会尽量保持与其他董事一致，这会损害董事会决策的有效性。

有学者研究了外部董事（主要指独立董事）能否提高董事会决策的有效性。例如，Gillette et al.（2003）的研究发现，主要由可靠的外部董事组成的董事会，决策效率更高。

李建标等（2009）采用实验研究方法，发现引入序贯和惩罚机制后，在独立董事人数占比高的董事会中，董事会决策的正确率比静态实验中有明显提高。

采用强制披露的中国上市公司董事会投票数据，基于董事会决策的视角，祝继高等（2015）对比分析了独立董事和非控股股东董事对管理层和控股股东监督行为的差异。相比内部董事和控股股东董事，独立董事投非赞成票的可能性更小，而非控股股东董事投非赞成票的可能性更大。在国有企业和业绩差的企业中，独立董事的监督行为具有很强的风险规避倾向，而非控股股东董事的监督作用则更为明显。董事投弃权票或者反对票，能够提升公司未来的会计业绩。总之，在投资者保护较弱且股权集中的情形下，独立董事在更好地监督控股股东和管理层上不如非控股股东董事。

作者认为企业集团下属上市公司董事会决策效率和效果的提高，可以考虑从以下几方面加强：

（1）优化董事会人员结构。更多的聘请年富力强、经验丰富、专业对口、勤勉尽责的董事，优化内部和外部董事比例，执行董事和非执行董事比例。降低企业集团对于上市公司董事人选的干预。

（2）适当精简董事会人数。董事会人数不宜过大，从而不容易形成统一的意见，决策效率会比较低。

（3）完善对于董事的激励和约束机制。

（4）给有关董事，尤其是独立董事要配备足够的资源，以获取更为充分的信息，以便做出更为准确的判断和决策。

8.2 继续完善累积投票权制度

累积投票权是指股东大会选举两名以上的董事或监事时，股东所持的每一股份拥有与当选董事或监事总人数相等的投票权，股东既可以用所有的投票权集中投票选举某一人，也可以分散投票选举数人，按得票多少依次决定董事人选的表决权制度。2002年我国发布的《上市公司治理准则》要求控股股东持股比例超过30%的上市公司选举董事时应当采用累积投票制，并将这一制度写入公司章程。

基于2007～2012年沪深两市上市公司股东大会决议，韩晴（2016）统计发现涉及累积投票制的会议有860次，其中包括以累积投票方式选举公司独立董事的议案，或以累积投票方式通过的董事会换届议案。累积投票制从两方面促进了独立董事制度发展，即使累积投票制的应用范围仍有局限：（1）累积投票制选举有助独立董事制度运作形成良性循环，有利于引入外部声誉激励。（2）通过集中中小股东的投票权，由中小股东提名的独立董事当选的机会增加，增强了对于大股东的牵制作用。在信息获取上大股东拥有优势，而中小股东的成本较高，因此中小股东容易放弃公司治理、或出现搭便车的情况。独立董事借助累积投票制当选，则可以向中小股东及时传递董事会的信息。在董事会中，独立董事通过得到中小股东的背书和支持，从而发挥监督大股东的公司治理作用。

基于2001年前的966家上市公司样本，这些公司在章程中写入了累积投票制，运用这些公司2002～2010年的面板数据，陈玉罡等（2016）对这些公司在章程中写入累积投票制前后，上市公司“掏空”行为的差异进行了检验。

实证研究发现在章程中写入了累积投票制后，上市公司的“掏空”程度显著下降。但在控股股东拥有上市公司股权比例低于30%的样本中这一治理效应最强，而当控股股东拥有上市公司股权比例大于50%时，治理效应显著减弱。国有上市公司累积投票制的治理效应要弱于非国有上市公司。《上市公司治理准则》中以30%持股比例为界，该强制性规定从实际来看，累积投票制的治理效应减弱。

陈敏（2007）认为中国的小股东持股比例过低、参与投票的意愿很低，很难提名自己的候选人，因此累积投票制很难发挥作用。在重新审视累积投票制的治理作用后，陈敏认为《上市公司治理准则》现行的强制性规定中对控股股东持股比例30%的界定是无效的。证监会要么取消采用累积投票制的强制性规定，要么对所有公司实施强制性规定。

作者认为累积投票权制度起到了一定的治理作用，但还需要继续完善。主要是要拓展应用的范围，在控股股东持股30%以下的公司也可以推行；其次，要拓宽中小股东投票的渠道，以及可以通过股票权利征集的方式，进行小股东股权的集中并进行更为有利的投票行为。还有，可以进一步探讨累积投票权投票事项适用的范围。

8.3　加强商业银行的外部治理和监督

上市公司外部治理主要包括企业接管市场、资本市场、经理人市场、商业银行等债权人等，我国在这几方面都需要加强。但本书主要探讨加强商业银行的外部治理作用。

在日本和德国商业银行作为企业的股东，通过派驻董事、监事，以及信贷支持，起着积极的公司治理的作用。从银行角度来讲，控股股东的“掏空”行为是一种道德风险问题，并且由于控股股东的“掏空”行为，转移了公司的可用资源，影响了企业经营的稳定性，提高了公司破产的概率，进而影响了银行信贷资产的安全性。因此，对于“掏空”程度严重的公司，银行或者提高贷款的利率，或者不再对公司贷款续新，以便控制银行的风险承担。

银行会根据客户的风险情况来调整贷款政策，以保证信贷资产的安全性，包括贷款利率政策、贷款续新政策等。胡奕明、周伟（2006）认为银行可能更加重视非财务指标，而银行通过改变贷款政策来传递监督的压力的能力有限。胡奕明、谢诗蕾（2005）发现大股东占款与银行贷款利率正相关，中国的银行对借款企业的治理和财务情况已经具有一定的监督能力。徐昕、沈红波（2010）的研究发现银行会通过与借款人签订贷款协议，并限制企业的会计政策和资金使用途径。企业的银行贷款越多，这种契约限制就越多越严格。

如果公司经营或者财务状况对于银行不利，银行可以采取减少贷款数量、提高贷款利率、增加贷款合同中的限制性条款等手段。胡奕明等（2008）认为判定银行是否存在监督作用，可以通过分析银行对客户贷款政策的变化。他们选取了贷款续新和贷款利率的变化来衡量贷款政策，发现在贷款利率的定价上，我国的商业银行已经具备了一定的监督作用。

采用中国上市公司的贷款数据，张光利等（2015）从控股股东“掏空”行为的视角出发，分析了我国商业银行对企业的监督作用。他们发现在银行贷款数量多、贷款期限长的公司中，控股股东的“掏空”行为明显减少，银行对控股股东的“掏空”行为，具有一定的监督作用。银行的监督作用对不同所有制的企业，存在差异。目前，国有银行的监督较好，而国有银行对地方政府和私人控制的企业监督较有效，但国有银行对中央企业的监督能力较弱。从事后监督来看，银行会对控股股东的“掏空”行为做出贷款政策的调整，对于控股股东“掏空”严重的企业，续新贷款的银行数量、续新贷款比例显著下降，而且贷款利率显著提高。

我国和英美等国家大都不允许商业银行持有企业的股权，或者进入证券市场投资。因此，商业银行和企业之间主要是信贷、结算等的商业银行业务关系。但商业银行的信贷资金，几乎是很多企业的生命线，商业银行对企业来说是重要的外部治理主体。

作者认为，商业银行除了在传统评价企业还贷能力和信用的基础上，应当增加对于企业公司治理水平的评价体系。公司治理结构和机制好的公司，应当给予更好的支持；而公司治理差的公司，应当给予一定的减分，在信贷时给予更谨慎的对待。商业银行在贷后管理的过程中，也需要对于上市公司重要事项给予关注，对于明显损害公司利益的一些不合理的内部并购或者其他重大事项上，需要与公司进行沟通和警示，从而起到外部治理的作用。

8.4　加强媒体外部监督机制

媒体负面报道作为公司治理的外部治理机制，可以约束控股股东行为、保护投资者利益。在中国的特殊制度背景下，以中国 2010 ~ 2012 年上市公司为研究样本，李明和叶勇（2016）分析了媒体负面报道对控股股东“掏空”行为的影响。他们发现媒体负面报道能够减少控股股东的“掏空”；相对于国有上市公司，在媒体负面报道后非国有上市公司控股股东“掏空”程度减少得较大。

我国目前法律环境还有待进一步完善，短期内制度环境对控股股东和实际控制人“掏空”的影响有限。而且上市公司信息披露透明度比较低，对控股股东“掏空”行为的约束也有限。

我国上市公司控股股东的持股比例较高，内部治理机制不完善，不同内部治理结构下股权制衡对控股股东的约束力也不同。

作者认为，媒体是保护投资者利益的一种外部治理的替代机制。应当为媒体发展创造一个有利的环境；强化媒体的社会责任，加强对媒体的舆论引导；鼓励媒体对上市公司的监督，发挥媒体的舆论优势。

8.5 加强企业集团内部控制制度的建设

企业实施内部控制的目标是合理保证财务报告的可靠性，提高企业经营的效率，遵守适用的法律法规，为企业的可持续发展奠定坚实的制度基础（COSO，1992）。

在金字塔控制权结构中，大股东与小股东的代理问题是公司主要的代理问题（La Porta et al.，1999；Claessens et al.，2002；Faccio and Lang，2002）。大股东掏空上市公司损害了中小股东的利益，具有较强的动机联合管理层，通过各种舞弊的方式隐瞒其掏空行为，而内部控制的治理作用主要表现为对舞弊机会的控制。企业集团公司治理的矛盾主要表现是大股东“掏空”上市公司，侵占中小股东的利益（卢锐等，2011）。

金字塔结构中控股股东控制权的增加会加剧对小股东利益的侵害，并且两权分离度越大，“掏空”程度越严重，并且在家族企业和自然人控制的企业中表现得更加明显（陈晓红等，2007）。金字塔结构可能会使内部控制的治理作用在控制权链条更长的企业中表现得更加明显。

王超恩，张瑞君（2015）选取2007~2013年中国上市公司的相关数据资料，从大股东与小股东代理冲突角度分析了内部控制质量是否会影响两者之间的关系。

作者认为，高质量的内部控制能够提高财务报告的可靠性和上市公司信息透明度。已有的研究表明，内部控制的建立对资本市场产生了一系列重要的影响，高质量的内部控制能够减少企业融资的成本，增加流动性，提高企业信息环境和增加财务报告的可比较性（Daske et al.，2008）。

内部控制能够加快公司负面消息的确认，增强负面消息的股价同步性（Kim 等，2011）。由此，内部控制能够改善企业和投资者信息不对称程度，抑制大股东在“掏空”过程中与管理层合谋操纵财务报表信息，大股东“掏空”对公司股价崩盘风险的敏感度也会随之下降。

高质量的内部控制还能减少大股东“掏空”公司资产和管理层编制虚假财务报表的机会，促使公司经营遵守适用的法律法规。

8.6 防范企业集团内部并购的非关联化行为

所谓关联交易非关联化，是指上市公司将实质上的关联方交易转换为形式上的非关联方交易，借以规避相关准则和规定的约束，实现其操纵利润目的的一种不良会计行为（谭军，张洁，2012）。

监管部门出台了一些法制法规来解决非公允的关联交易问题，如《关联方关系及交易的披露》《上海证券交易所上市公司关联交易实施指引》《关联方之间出售资产等有关会计处理问题暂行规定》等。

但是，一些上市公司通过内部并购的非关联化来规避准则和规定的监管。企业集团隐瞒关联关系，使得内部并购行为非关联化的方式主要有：

寻找一个非关联的第三方作“中介”，将资产溢价出售给中介，由此产生的收益不受关联交易相关规定的约束；关联方通过出让股份或中止受让相关股份，从名义上解除关联方关系，使得相应的交易不再属于关联交易；将交易时间选择在成为关联方之前，与未来关联方发生现时非关联方交易；上市公司的关联方之间进行互换式收购，借以规避相关制度的约束；非货币性交易货币化，避开非货币性交易准则的规定。

对于防范内部并购的非关联化，作者有以下一些建议：(1) 完善内部并购的披露与监管规范体系。将内部并购纳入到我国《公司法》《证券法》的规范体系中，强化信息披露制度，真实、完整地披露交易内容。(2) 采用实质重于形式原则，判断关联方关系。可以参考与借鉴美国审计界对于关联方关系的界定方法。(3) 完善上市公司内部治理，加强对内部并购的内部控制。(4) 发挥中介机构的规范作用和社会的监督作用。

9 结 论

本书研究聚焦于企业集团下属上市公司与企业集团之间的内部并购及其治理问题。得出的结论主要有：第一，作者对于企业集团的概念进行了界定，借鉴不同国家对于企业集团的概念，以及社会学和经济学的定义，提出企业集团的概念；分析了英美、日本、新兴市场和我国企业集团的形成和发展历程；并分析了企业集团的组织结构。

第二，作者综合企业并购的概念，界定了企业集团内部并购的定义，并分析了内部并购与其他关联交易、外部并购的区别；同时，作者分析了企业集团并购的类型、支付方式，并确定了本书研究的内部并购的范围。

第三，作者就企业集团公司治理的研究进行了总结。就企业集团治理与母子公司治理、企业集团与上市公司之间的关联交易、系族企业集团及其治理、企业集团的内部资本市场、企业集团网络组织、子公司主导行为等进行了综述。

第四，作者借鉴外部并购动机的研究，并结合资本结构理论，分析了企业集团内部并购的目的和动机。提出上市公司内部并购的两个终极目标——“掏空”和支持。以及在此背景下，上市公司内部并购的股权融资动机。结合定向增发的资产注入事件样本，对我国上市公司内部并购的股权融资动机，进行了实证检验。

作者以实施定向增发的内部并购事件为样本，发现定向增发作为近几年上市公司的重要融资手段，集团公司往往通过注入资产来改善上市公司的盈利。定向增发的内部并购中注入资产的规模越大，对于未来上市公司的盈利增长越大。说明实际控制人希望注入更多的盈利资产来改善上市公司的业绩，具有支持效应。

而定向增发中注入资产的增值率越高，其对上市公司业绩的负面影响越大，因此具有“掏空”效应。此外，实际控制人控制权和现金流权之间的差额越大，两权分离度越大，对 MCAR 的正面影响越大。说明两权分离度越大，定向增发的内部并购公告后的股价反应越好，投资者对增发和内部并购行为保持乐观。实际控制人通过定向增发进行内部并购注入资产，主要是支持上市公司的目的。

第五，通过对于隶属于企业集团的上市公司在集团内部的并购事件的分析，来看在不同的上市公司控制结构下，其内部并购行为对公司价值指标——托宾 Q 值的影响。本书的实证分析结果显示，股权集中度对内部并购公告后的公司价值有负向影响。第一大股东持股比例越大，内部并购公告后的公司价值越小，说明大股东更倾向于通过内部并购掏空上市公司，从而损害上市公司的价值。股权制衡度对内部并购公告后的公司价值有负向影响，说明其他大股东可能与第一大股东存在联盟或者未充分履行监督职责。

随着我国上市公司治理制度和水平的提高，实际控制人侵占上市公司利益的情况有了明显下降，实际控制人也有通过内部并购支持上市公司的情况。但在我国上市公司与集团公司的内部并购中，在统计上显示仍有相当数量的实际控制人通过内部并购的方式侵占上市公司的利益。如实际控制人往往通过定向增发的形式以较高的价格，将资产注入上市公司，而借机实现资产的间接上市，高价套现退出。溢价过高的资产注入，损害了上市公司的价值，损害了其他股东和投资者的利益。

因此，作者建议监管机构和中介机构需要进一步强化对于实际控制人定向增发注入资产的审核，控制其注入的资产溢价；除实际控制人之外的其他大股东、机构投资者、独立董事也需要发挥监督的职责，能够对一些损害投资者利益的内部并购行为在董事会、股东会层面给予制止或修正；同时投资者也应该理性地下调对于高溢价资产注入的投资回报预期。

第六，通过对于隶属于企业集团的上市公司在集团内部的并购事件的分析，来看在不同的公司治理情况下，其内部并购行为对公司绩效的影响。实证分析结果显示，独立董事占比与内部并购的绩效之间是负相关的关系，说明独立董事并没有发挥出其保护中小投资者利益和有效监督注入资产盈利能力的作用，独立董事的公司治理作用在很多上市公司的内部并购中无效。

机构投资者作为外部的公司治理力量，其持股比例越高，内部并购实施之后上市公司的盈利能力越好。说明机构投资者的外部治理效果比较显著，在内部并购资产的盈利能力监控上比较有效，机构投资者通过“用手”和“用脚”投票的方式来影响内部并购注入资产的质量和价格。

股权制衡度越大，内部并购实施的绩效越好，说明其他大股东对实际控制人存在一定的制约作用。实际控制人的现金流权越大，内部并购公告的股价表现越好，说明现金流权越大的实际控制人更多地是通过内部并购来支持上市公司的发展。此外，董事会人数和两职合一情况与内部并购后上市公司绩效无关。

第七，作者根据上述研究，结合国内企业集团公司治理和内部并购的实际情况，提出了基于内部并购的企业集团公司治理的一些建议。主要有：加强企业集团下属上市公司的董事会建设，包括：提高独立董事的独立性和作用；提高董事会决策的效率。继续完善累计投票权制度；加强商业银行的外部治理和监督功能；加强媒体的外部监督机制；加强企业集团内部控制制度建设；防范企业集团内部并购的非关联化行为等。

参考文献

一、中文部分

[1] 白重恩，刘俏，陆洲，等．中国上市公司治理结构的实证研究［J］．经济研究，2005，2（5）：81－91.

[2] 陈健，贾隽．关联并购的股权融资偏好动机及其绩效影响：基于中国上市公司的实证研究［J］．华侨大学学报（哲学社会科学版），2013（3）：113－120.

[3] 陈健，贾隽．中国上市公司关联并购的战略支持动机及其绩效影响的实证研究［J］．西安工业大学学报，2013（9）：717－723.

[4] 陈健，雒丹．连锁董事对公司绩效影响的实证研究［J］．工作论文，2016.

[5] 陈健，席酉民，郭菊娥．国外并购绩效评价方法研究综述［J］．当代经济科学，2005（3）：85－92，111.

[6] 陈健，席酉民．上市公司集团归属、控制权集中度与关联并购的关系［J］．系统工程，2008（1）：8－14.

[7] 陈敏．论投票制度与我国上市公司治理的改进［J］．证券市场导报，2007（2）：26－29.

[8] 陈睿，王治，段从清．独立董事"逆淘汰"效应研究——基于独立意见的经验证据［J］．中国工业经济，2015（8）：145－160.

[9] 陈晓红，陈杨．关联交易、盈余质量与大股东利益侵占——基于效率观与掏空观的实证研究［J］．求索，2011，No. 227（7）：34－36.

[10] 陈晓红，尹哲，吴旭雷．“金字塔结构”、家族控制与企业价值——基于沪深股市的实证分析［J］．南开管理评论，2007（5）：47－54.

[11] 陈玉罡，许金花，李善民．对累积投票制的强制性规定有效吗？［J］．管理科学学报，2016（3）：34－47.

[12] 程仲鸣，夏新平，余明桂．政府干预、金字塔结构与地方国有上市公司投资［J］．管理世界，2008（9）：37－47.

[13] 段海艳．连锁董事、组织冗余与企业创新绩效关系研究［J］．科学学研究，2012（4）：631－640.

[14] 冯丽霞．内部资本市场：组织载体、交易与租金［J］．会计研究，2006（8）：37－43，96.

[15] 冯旭南．债务融资和掠夺——来自中国家族上市公司的证据［J］．经济学（季刊），2012（3）：943－968.

[16] 高雷，宋顺林．关联交易、线下项目与盈余管理——来自中国上市公司的经验证据［J］．中国会计评论，2008（1）：61－78.

[17] 高雷，宋顺林．关联交易与公司治理机制［J］．中南财经政法大学学报，2007，No. 163（4）：59－65，143.

[18] 高培涛，王永泉．机构持股对上市公司关联交易影响的实证研究［J］．山东大学学报：哲学社会科学版，2012（4）：69－74.

[19] 顾乃康，万小勇．现金持有水平、投资者保护与关联交易［J］．广东金融学院学报，2011，v. 26；No. 130（2）：118－128.

[20] 韩晴．独立董事治理与声誉回报——基于累积投票选

举的分析 [J]. 暨南学报（哲学社会科学版），2016（3）：95－104，131－132.

[21] 郝以雪，郑勄. 我国民营上市公司股权融资偏好影响因素的实证研究 [J]. 西南金融，2013，No. 386（9）：11－16.

[22] 胡继之，王文立. 上市公司并购行为研究 [R]：深圳证券交易所综合研究所，1999.

[23] 胡经生. "一控多"公司：实证分析与理论解释 [J]. 证券市场导报，2009（8）：51－58.

[24] 胡奕明，林文雄，李思琦，等. 大贷款人角色：我国银行具有监督作用吗？[J]. 经济研究，2008（10）：52－64.

[25] 胡奕明，谢诗蕾. 银行监督效应与贷款定价——来自上市公司的一项经验研究 [J]. 管理世界，2005（5）：27－36.

[26] 胡奕明，周伟. 债权人监督：贷款政策与企业财务状况——来自上市公司的一项经验研究 [J]. 金融研究，2006（4）：49－60.

[27] 黄少安，钟卫东. 股权融资成本软约束与股权融资偏好——对中国公司股权融资偏好的进一步解释 [J]. 财经问题研究，2012，No. 349（12）：3－10.

[28] 姜毅. 机构投资者，终极股东控制与现金持有价值的关系研究 [J]. 经济与管理研究，2013（5）：84－91.

[29] 赖建清，吴世农. 我国上市公司最终控制人的现状研究 [C]，见公司财务研讨会论文集，2004.

[30] 李常青，赖建清. 董事会特征影响公司绩效吗？[J]. 金融研究，2004（5）：64－77.

[31] 李建标，巨龙，李政，等. 董事会里的"战争"——序贯与惩罚机制下董事会决策行为的实验分析 [J]. 南开管理评论，2009（5）：70－76.

［32］李明，叶勇．媒体负面报道对控股股东掏空行为影响的实证研究［J］．管理评论，2016（1）：73－82.

［33］李维安，武立东．企业集团的公司治理——规模起点、治理边界及子公司治理［J］．南开管理评论，1999（4）：4－8.

［34］李维安．国际经验与企业实践——制定适合国情的中国公司治理原则［J］．南开管理评论，2001（1）：4－8.

［35］李文华，冯照桢．异质机构，企业性质与关联交易［J］．当代经济科学，2012（2）：80－87.

［36］李亚．民营企业集团管理实务与案例［M］．北京：中国发展出版社，2009.

［37］李增泉，孙铮，王志伟．"掏空"与所有权安排——来自我国上市公司大股东资金占用的经验证据［J］．会计研究，2004（12）：3－13，97.

［38］李增泉，辛显刚，于旭辉．金融发展、债务融资约束与金字塔结构——来自民营企业集团的证据［J］．管理世界，2008（1）：123－135，188.

［39］梁宪，张志铮．现代企业集团经营管理方式［M］．北京：经济科学出版社，1995.

［40］林小驰．业绩承诺跟踪报告：承诺的小船在2015年说翻就翻［R］．北京：中信证券研究部，2016.

［41］刘斌．中国企业集团组织结构类型及其成长演变研究——以36家中国企业集团为例［J］．生产力研究，2012（8）：214－217.

［42］刘林．股权融资偏好模型分析与治理改进设计［J］．金融研究，2006（10）：49－64.

［43］刘启亮，李增泉，姚易伟．投资者保护、控制权私利与金字塔结构——以格林柯尔为例［J］．管理世界，2008（12）：

139 – 148, 188.

[44] 刘玉龙，任国良，文春晖．“虚”“实”终极控制、金字塔组织演化与大股东掏空 [J]. 中国经济问题，2014 (3)：40 – 49.

[45] 刘运国，吴小云．终极控制人、金字塔控制与控股股东的“掏空”行为研究 [J]. 管理学报，2009 (12)：1661 – 1669.

[46] 卢锐，柳建华，许宁．内部控制、产权与高管薪酬业绩敏感性 [J]. 会计研究，2011 (10)：42 – 48，96.

[47] 陆正飞，叶康涛．中国上市公司股权融资偏好解析——偏好股权融资就是缘于融资成本低吗？[J]. 经济研究，2004 (4)：50 – 59.

[48] 罗党论，唐清泉．金字塔结构、所有制与中小股东利益保护——来自中国上市公司的经验证据 [J]. 财经研究，2008 (9)：132 – 143.

[49] 马永强，陈欢．金融危机冲击对企业集团内部资本市场运行的影响——来自我国民营系族企业的经验证据 [J]. 会计研究，2013 (4)：38 – 45，95.

[50] 倪中新，武凯文，周亚虹，等．终极所有权视角下的上市公司股权融资偏好研究——控制权私利与融资需求分离 [J]. 财经研究，2015，v. 41；No. 398 (1)：132 – 144.

[51] 宁向东，陈宁．系族企业的特征：一个初步描述 [J]. 财经问题研究，2005 (4)：29 – 33.

[52] 宁向东．公司治理理论 [M]. 北京：中国发展出版社，2005.

[53] 牛建波．董事会规模的治理效应研究——基于业绩波动的新解释 [J]. 中南财经政法大学学报，2009 (1)：112 – 118.

[54] 曲晓辉，傅元略．企业集团财务与会计问题研究 [M].

北京：中国财政经济出版社，2007.

[55] 邵军，刘志远．“系族企业”内部资本市场有效率吗？——基于鸿仪系的案例研究［J］．管理世界，2007（6）：114－121，172.

[56] 邵军，刘志远．“系族企业”内部资本市场有效率吗？基于中国“系族企业”的实证检验［J］．中国会计评论，2009（3）：271－282.

[57] 宋理升，徐向艺．终极控制股东与关联担保关系的实证研究——基于民营上市公司的经验证据［J］．经济与管理研究，2011（11）：5－16.

[58] 孙班军．专著题名缺失［M］．北京：中国财政经济出版社，2002.

[59] 孙铮，姜秀华，任强．治理结构与公司业绩的相关性研究［J］．财经研究，2001，27（4）：3－11.

[60] 孙铮，刘凤委，李增泉．市场化程度、政府干预与企业债务期限结构——来自我国上市公司的经验证据［J］．经济研究，2005（5）：52－63.

[61] 孙执中．荣衰论——战后日本经济史（1945—2004）［M］．北京：人民出版社，2006.

[62] 谭军，张洁．上市公司关联交易非关联化的表现形式及其治理［J］．商业时代，2012（29）：78－79.

[63] 唐清泉，罗党论，王莉．大股东的隧道挖掘与制衡力量——来自中国市场的经验证据［J］．中国会计评论，2005，3（1）：63－86.

[64] 唐文雄，吴广谋，盛昭翰．企业集团化过程中政府作用的理论思考［J］．中国软科学，2000（6）：35－39.

[65] 汪建康．基于子公司主导行为的企业集团母子公司治

理研究 [D]. 2007.

[66] 汪健. 治理特征、治理环境与关联交易——来自A股上市公司的经验证据 [J]. 山西财经大学学报, 2014, v. 36; No. 260 (6): 78-89.

[67] 王蓓, 姚惠宇, 马丽亚. 企业集团金字塔式控制结构与大股东掏空行为研究——来自中国上市公司的经验证据 [J]. 国际商务 (对外经济贸易大学学报), 2013 (5): 54-63.

[68] 王超恩, 张瑞君. 内部控制、大股东掏空与股价崩盘风险 [J]. 山西财经大学学报, 2015 (10): 79-90.

[69] 王德武, 钟富胜. 公司治理、关联担保与公司价值研究 [J]. 财会月刊, 2008 (35): 3-5.

[70] 王峰娟. 内部资本市场效率研究——以H股为样本 [M]. 北京: 经济科学出版社, 2009.

[71] 王凤彬. 战略决定结构还是结构决定战略——兼评联想集团的战略与结构关系 [J]. 经济理论与经济管理, 2003 (9): 44-49.

[72] 王琨, 陈晓. 控股股东所有权结构与关联方担保 [J]. 中国会计评论, 2007, 5 (1): 43-54.

[73] 王奇波. 机构投资者参与的控制权竞争研究 [J]. 经济科学, 2005 (6): 54-64.

[74] 王箐. 基于公司治理视角的机构投资者对控股股东的制衡分析 [J]. 企业经济, 2012, 7: 179-181.

[75] 王跃堂, 赵子夜, 魏晓雁. 董事会的独立性是否影响公司绩效? [J]. 经济研究, 2006, 5: 62-73.

[76] 魏卉, 吴昊旻, 谭伟荣. 终极人控制、管理层激励与股权融资成本 [J]. 经济与管理研究, 2012 (11): 37-48.

[77] 魏明海, 万良勇. 我国企业内部资本市场的边界确定

[J]. 中山大学学报（社会科学版），2006（1）：92－97，127－128.

[78] 吴淑琨，柏杰，席酉民. 董事长与总经理两职的分离与合一 [J]. 经济研究，1998，8（21）.

[79] 伍柏麟，俞忠英. 企业集团与社会主义国家所有制的改革 [J]. 复旦学报（社会科学版），1988（1）：2－7.

[80] 武立东，黄海昕，王凯. 专著题名缺失 [M]. 北京：高等教育出版社，2014.

[81] 席酉民，赵增耀. 企业集团治理 [M]. 北京：机械工业出版社，2002.

[82] 席酉民. 企业集团发展模式与运行机制比较 [M]. 北京：机械工业出版社，2003.

[83] 夏南强，宋硕. 基于分部相关性的内部资本市场配置效率新检验——来自政府"系族企业"的数据 [J]. 云南财经大学学报，2014（6）：133－138.

[84] 肖珉，周宗放，陈林. 我国企业集团上市公司关联交易频率特征分析 [J]. 管理评论，2011，v.23（7）：124－130.

[85] 肖珉. 双重代理视角下的关联交易——基于1230份公司治理自查报告的研究 [J]. 经济管理，2010，v.32；No.469（1）：125－133.

[86] 肖星，王琨. 关于集团模式多元化经营的实证研究——来自"派系"上市公司的经验证据 [J]. 管理世界，2006（9）：80－86.

[87] 肖泽忠，邹宏. 中国上市公司资本结构的影响因素和股权融资偏好 [J]. 经济研究，2008，No.482（6）：119－134，144.

[88] 肖作平，苏忠秦. 现金股利是"掏空"的工具还是掩饰"掏空"的面具？——来自中国上市公司的经验证据 [J].

管理工程学报，2012（2）：77-84.

[89] 徐昕，沈红波．银行贷款的监督效应与盈余稳健性——来自中国上市公司的经验证据［J］．金融研究，2010（2）：102-111.

[90] 许荣，徐星美，权小锋．中国企业集团关联交易：掏空支持还是相互保险［J］．经济理论与经济管理，2015，No.300（12）：66-77.

[91] 严子淳，薛有志．董事会社会资本，公司领导权结构对企业R&D投入程度的影响研究［J］．管理学报，2015，12（4）：509-516.

[92] 杨建荣，孙福庆，徐诤，等．国际资本条件下的上海企业重组研究［J］．财经研究，1997（3）：9-17.

[93] 杨棉之，孙健，卢闯．企业集团内部资本市场的存在性与效率性［J］．会计研究，2010（4）：50-56，96.

[94] 杨蓉，张旭．终极控制人、机构投资者与关联交易的关系研究——基于我国A股上市公司的实证检验［J］．兰州大学学报（社会科学版），2015，v.43；No.196（6）：86-100.

[95] 姚俊，蓝海林．我国企业集团的演进及组建模式研究［J］．经济经纬，2006（1）：82-85.

[96] 叶松勤，徐经长．大股东控制与机构投资者的治理效应——基于投资效率视角的实证分析［J］．证券市场导报，2013，5（5）：35-42.

[97] 银温泉．我国企业集团发展中的政府角色定位［J］．中国工业经济，1999（6）：34-38.

[98] 于左．企业集团规制政策：德隆危机的反思［J］．中国工业经济，2004（11）：83-90.

[99] 袁奋强．内部资本市场运行、资本投资与资本配置行

为——基于“系族企业”的分析［J］. 贵州财经大学学报，2015（4）.

［100］张光利，刘轶，戚俊峰. 银行对企业经营的监督效应研究——基于控股股东掏空行为的视角［J］. 财经理论与实践，2015（4）：15－21.

［101］张慕濒. 机构投资者崛起，创业股东控制权博弈与公司治理——基于雷士照明的案例研究［J］. 华东师范大学学报（哲学社会科学版），2013，4：144－150.

［102］张耀伟，陈世山，李维安. 董事会非正式层级的绩效效应及其影响机制研究［J］. 管理科学，2015，28（1）：1－17.

［103］赵敏，张莉芳. 机构投资者在第二类委托—代理问题中的监督作用研究［J］. 南京财经大学学报，2008（5）：29－31.

［104］赵增耀，席酉民. 专著题名缺失［M］. 北京：机械工业出版社，2002.

［105］郑国坚. 基于效率观和掏空观的关联交易与盈余质量关系研究［J］. 会计研究，2009（10）：68－76，95.

［106］周振国. 论企业集团的组织结构改组［J］. 探索，1997（6）：17－19.

［107］祝继高，叶康涛，陆正飞. 谁是更积极的监督者：非控股股东董事还是独立董事？［J］. 经济研究，2015（9）：170－184.

二、英文部分

［1］Aghion P.，Bolton P. An Incomplete Contracts Approach to Financial Contracting［J］. The Review of Economic Studies，1992，59（3）：473－494.

［2］Agnblad J.，Berglöf E.，Högfeldt P.，et al. Ownership and Control in Sweden：Strong Owners，Weak Minorities，and Social Control［M］：The European Corporate Governance Network and

Oxford University Press, 2001.

[3] Agrawal A., Mandelker GN. Large Shareholders and the Monitoring of Managers: the Case of Antitakeover Charter Amendments [J]. Journal of Financial and Quantitative Analysis, 1990, 25 (2): 143 - 161.

[4] Allison GT. The Essence of Decision: Explaining the Cuban Missile Crisis [M]: Little, Brown, 1971.

[5] Almeida H., Park SY, Subrahmanyam MG, et al. The Structure and Formation of Business Groups: Evidence From Korean Chaebols [J]. Journal of Financial Economics, 2011, 99 (2): 447 - 475.

[6] Almeida HV, Wolfenzon D. A Theory of Pyramidal Ownership and Family Business Groups [J]. The Journal of Finance, 2006, 61 (6): 2637 - 2680.

[7] Alpander GG. Multinational Corporations: Homebase-affiliate Relations [J]. California Management Review, 1978, 20 (3): 47 - 56.

[8] Aoki M. Information, Incentives and Bargaining in the Japanese Economy: a Microtheory of the Japanese Economy [M]: Cambridge University Press, 1989.

[9] Aoki M. Risk-sharing in the Corporate Group [J]. The Economic Analysis of the Japanese Firm, 1984: 259 - 264.

[10] Aoki M. Toward an Economic Model of the Japanese Firm [J]. Journal of Economic Literature, 1990, 28 (1): 1 - 27.

[11] Bai C., Liu Q., Lu J., et al. Corporate Governance and Market Valuation in China [J]. Journal of Comparative Economics, 2004, 32 (4): 599 - 616.

[12] Baker M., Gompers PA. The Determinants of Board

Structure at the Initial Public Offering [J]. Journal of Law and Economics, 2003, 46 (2): 569 - 598.

[13] Barca F., Becht M. The Control of Corporate Europe [J]. The Control of Corporate Europe, 2001.

[14] Barclay MJ, Holderness CG. Private Benefits From Control of Public Corporations [J]. Journal of Financial Economics, 1989, 25 (2): 371 - 395.

[15] Baumol WJ. Business Behavior, Value, and Growth [M]. Macmillan, 1959.

[16] Bennedsen M., Wolfenzon D. The Balance of Power in Closely Held Corporations [J]. Journal of Financial Economics, 2000 (58): 113 - 139.

[17] Berger P., Ofek E. Diversification's Effect on Firm Value [J]. Journal of Financial Economics, 1995, 37: 39 - 65.

[18] Berle AA, Means GC. The Modern Corporation and Private Property [M]. New York: Macmillan Publishing Co., 1932.

[19] Bertrand M., Mehta P., Mullainathan S. Ferreting Out Tunneling: An Application to Indian Business Groups [J]. The Quarterly Journal of Economics, 2002, 117 (1): 121 - 148.

[20] Bhagat S., Black B. The Uncertain Relationship Between Board Composition and Firm Performance [J]. The Business Lawyer, 1999: 921 - 963.

[21] Bianchi M., Bianco M., Enriques L. Pyramidal Groups and the Separation Between Ownership and Control in Italy [C]. 2001.

[22] Bianco M., Nicodano G. Pyramidal Groups and Debt [J]. European Economic Review, 2006, 4 (50): 937 - 961.

[23] Birkinshaw J., Hood N. An Empirical Study of Development Processes in Foreign-owned Subsidiaries in Canada and Scotland [J]. Mir: Management International Review, 1997: 339 - 364.

[24] Birkinshaw J., Hood N. Multinational Subsidiary Evolution: Capability and Charter Change in Foreign-owned Subsidiary Companies [J]. Academy of Management Review, 1998, 23 (4): 773 - 795.

[25] Birkinshaw J., Pedersen T. Strategy and Management in Mne Subsidiaries [J]. The Oxford Handbook of International Business, 2001: 380 - 401.

[26] Black BS. Bidder Overpayment in Takeovers [J]. Stanford Law Review, 1989 (41): 597.

[27] Bolton P., Von thaden E. Blocks, Liquidity and Corporate Control [J]. Journal of Finance, 1998 (53): 1 - 25.

[28] Borokhovich KA, Parrino R., Trapani T. Outside Directors and Ceo Selection [J]. Journal of Financial and Quantitative Analysis, 1996, 31 (3): 337 - 355.

[29] Bower JL. Managing the Resource Allocation Process: a Study of Corporate Planning and Investment [M]. Cambridge, Ma: Harvard University Press, 1970.

[30] Brealey R., Leland HE, Pyle DH. Informational Asymmetries, Financial Structure, and Financial Intermediation [J]. The Journal of Finance, 1977, 32 (2): 371 - 387.

[31] Brickley JA, Lease RC, Smith CW. Ownership Structure and Voting on Antitakeover Amendments [J]. Journal of Financial Economics, 1988, 20: 267 - 291.

[32] Burrough B., Helya J. Barbarians at Teh Gate: the Fall

of Rjr Nabisco [M]: Harper & Row, 1990.

[33] Bushee BJ, Carter ME, Gerakos J. Institutional Investor Preferences for Corporate Governance Mechanisms [J]. Journal of Management Accounting Research, 2013, 26 (2): 123 - 149.

[34] Byrd JW, Hickman KA. Do Outside Directors Monitor Managers? Evidence From Tender Offer Bids [J]. Journal of Financial Economics, 1992, 32 (2): 195 - 221.

[35] Byrid J., Hickman KA. Do Outside Directors Monitor Managers? [J]. Journal of Financial Economics, 1992, 32: 195 - 221.

[36] Cestone G., Fumagalli C. The Strategic Impact of Resource Flexibility in Business Groups [J]. The Rand Journal of Economics, 2005, 36 (1): 193 - 214.

[37] Chandler AD. 专著题名缺失 [M]: Mit Press, 1990.

[38] Chang SJ, Choi U. Strategy, Structure and Performance of Korean Business Groups: a Transactions Cost Approach [J]. The Journal of Industrial Economics, 1988: 141 - 158.

[39] Chang SJ, Hong J. Economic Performance of Group-affiliated Companies in Korea: Intragroup Resource Sharing and Internal Business Transactions [J]. Academy of Management Journal, 2000, 43 (3): 429 - 448.

[40] Chang SJ, Hong J. How Much Does the Business Group Matter in Korea? [J]. Strategic Management Journal, 2002, 23 (3): 265 - 274.

[41] Chang SJ. Ownership Structure, Expropriation, and Performance of Group-affiliated Companies in Korea [J]. Academy of Management Journal, 2003, 46 (2): 238 - 253.

[42] Chang S. Financial Crisis and Transformation of Korean

Business Groups: the Rise and Fall of Chaebols [M]: Cambridge; New York and Melbourne, 2003: 0.

[43] Cheng CA, Huang HH, Li Y., et al. Institutional Monitoring Through Shareholder Litigation [J]. Journal of Financial Economics, 2010, 95 (3): 356-383.

[44] Cheng S. Board Size and the Variability of Corporate Performance [J]. Journal of Financial Economics, 2008, 87 (1): 157-176.

[45] Cheong KS, Choo K., Lee K. Understanding the Behavior of Business Groups: a Dynamic Model and Empirical Analysis [J]. Journal of Economic Behavior & Organization, 2010, 76 (2): 141-152.

[46] Claessens S., Djankov S., Fan JP, et al. Corporate Diversification in East Asia: the Role of Ultimate Ownership and Group Affiliation [M]: World Bank, Financial Operations Vice Presidency, Financial Economics Unit, 1999.

[47] Claessens S., Djankov S., Lang LH. The Separation of Ownership and Control in East Asian Corporations [J]. Journal of Financial Economics, 2000, 58 (1): 81-112.

[48] Claessens S., Fan JP, Lang LH. The Benefits and Costs of Group Affiliation: Evidence From East Asia [J]. Emerging Markets Review, 2006, 7 (1): 1-26.

[49] Claessens S., Fan JP. Corporate Governance in Asia: a Survey [J]. International Review of Finance, 2002, 3 (2): 71-103.

[50] Coase RH. The Nature of the Firm [J]. Economica, 1937, 4 (16): 386-405.

[51] Coles JL, Daniel ND, Naveen L. Boards: Does One Size Fit

All? [J]. Journal of Financial Economics, 2008, 87 (2): 329 - 356.

[52] Cuervo-cazurra A. Business Groups and Their Types [J]. Asia Pacific Journal of Management, 2006, 23 (4): 419 - 437.

[53] Cuervo-cazurra A. Ownership structure and firm behavior: Alternative objectives of shareholders in Spain [D]. Salamanca, Spain: University of Salamanca, 1997.

[54] Cyert RM, March. JG. A Behavioral Theory of the Firm [M]: Prentice-hall, 1963.

[55] Daily CM, Dalton DR. Bankruptcy and Corporate Governance: the Impact of Board Composition and Structure [J]. Academy of Management Journal, 1994, 37 (6): 1603 - 1617.

[56] Daske H., Hail L., Leuz C., et al. Mandatory Ifrs Reporting Around the World: Early Evidence on the Economic Consequences [J]. Journal of Accounting Research, 2008, 46 (5): 1085 - 1142.

[57] Del guercio D., Seery L., Woidtke T. Do Boards Pay Attention When Institutional Investor Activists "just Vote No"? [J]. Journal of Financial Economics, 2008, 90 (1): 84 - 103.

[58] Deloof M. Internal Capital Markets, Bank Borrowing, and Financing Constraints: Evidence From Belgian Firms [J]. Journal of Business Finance & Accounting, 1998, 25 (7): 945 - 968.

[59] Demsetz H., Lehn K. The Structure of Corporate Ownership: Causes and Consequences [J]. Journal of Political Economy, 1985, 93 (6): 1155.

[60] Demsetz H. The Structure of Ownership and the Theory of the Firm [J]. Journal of Law & Economics, 1983, 26 (2): 375 - 390.

[61] Denis DJ, Serrano JM. Active Investors and Management

Turnover Following Unsuccessful Control Contests [J]. Journal of Financial Economics, 1996, 40 (2): 239 - 266.

[62] Diamond DW. Financial Intermediation and Delegated Monitoring [J]. The Review of Economic Studies, 1984, 51 (3): 393 - 414.

[63] Edström A., Galbraith JR. Transfer of Managers as a Coordination and Control Strategy in Multinational Organizations [J]. Administrative Science Quarterly, 1977: 248 - 263.

[64] Eisenberg MA. The Structure of the Corporation: a Legal Analysis [M]: Beard Books, 1976.

[65] Eisenberg T., Sundgren S., Wells MT. Larger Board Size and Decreasing Firm Value in Small Firms [J]. Journal of Financial Economics, 1998, 48 (1): 35 - 54.

[66] Encaoua D., Jacquemin A. Organizational Efficiency and Monopoly Power: the Case of French Industrial Groups [J]. European Economic Review, 1982, 19 (1): 25 - 51.

[67] Encarnation DJ. Dislodging Multinationals: India's Strategy in Comparative Perspective [J]. Dislodging Multinationals: India's Strategy in Comparative Perspective, 1989, 19 (6): 828.

[68] Faccio M., Lang L., Young L. Dividends and Expropriation [J]. American Economic Review, 2001 (91): 54 - 78.

[69] Faccio M., Lang LH. The Ultimate Ownership of Western European Corporations [J]. Journal of Financial Economics, 2002, 65 (3): 365 - 395.

[70] Fama EF, French KR. The Cross-section of Expected Stock Returns [J]. Journal of Finance, 1992, 47 (2): 427 - 465.

[71] Fama EF, Jensen MC. Agency Problems and Residual

Claims [J]. Journal of Law & Economics, 1983.

[72] Fama EF, Jensen MC. Separation of Ownership and Control [J]. Journal of Law and Economics, 1983.

[73] Fama EF. What's Different About Banks? [J]. Journal of Monetary Economics, 1985, 15 (1): 29 – 39.

[74] Fan JP, Wong TJ, Zhang T. Politically Connected Ceos, Corporate Governance, and Post-ipo Performance of China's Newly Partially Privatized Firms [J]. Journal of Financial Economics, 2007, 84 (2): 330 – 357.

[75] Fouraker LE, Stopford JM. Organizational Structure and the Multinational Strategy [J]. Administrative Science Quarterly, 1968: 47 – 64.

[76] Franks J., Mayer C. Corporate Control: a Comparison of Insider and Outsider Systems [J]. London Business School, 1994.

[77] Friedman E., Johnson S., Mitton T. Propping and Tunneling [J]. Journal of Comparative Economics, 2003, 31 (4): 732 – 750.

[78] Gaur A., Kumar V. Internationalization of Emerging Market Firms: a Case for Theoretical Extension [J]. Advances in International Management: the Past, Present and Future of International Business and Management, 2010, 23.

[79] George R., Kabir R., Qian J. Investment – cash Flow Sensitivity and Financing Constraints: New Evidence From Indian Business Group Firms [J]. Journal of Multinational Financial Management, 2011, 21 (2): 69 – 88.

[80] Gertner RH, Scharfstein DS, Stein JC. Internal Versus External Capital Markets [R]: National Bureau of Economic Re-

search, 1994.

[81] Ghemawat P., Khanna T. The Nature of Diversified Business Groups: a Research Design and Two Case Studies [J]. Journal of Industrial Economics, 1998, 46 (1): 35 - 61.

[82] Ghoshal S., Bartlett CA. The Multinational Corporation as an Interorganizational Network [J]. Academy of Management Review, 1990, 15 (4): 603 - 626.

[83] Gillan S., Hartzell JC, Starks LT. Explaining Corporate Governance: Boards, Bylaws, and Charter Provisions [J]. Weinberg Center for Corporate Governance Working Paper, 2003 (2003).

[84] Gillan SL, Starks LT. Corporate Governance Proposals and Shareholder Activism: the Role of Institutional Investors [J]. Journal of Financial Economics, 2000, 57 (2): 275 - 305.

[85] Gillette AB, Noe TH, Rebello MJ. Corporate Board Composition, Protocols, and Voting Behavior: Experimental Evidence [J]. The Journal of Finance, 2003, 58 (5): 1997 - 2032.

[86] Gomes A., Novaes W. Sharing of Control as a Corporate Governance Mechanism [Z]: University of Pennsylvania Law School, 2006.

[87] Gort M. An Economic Disturbance Theory of Mergers [J]. Quarterly Journal of Economics, 1969 (83): 624 - 642.

[88] Granovetter M. Business Groups [M]. Princeton University Press: Princeton, 1994.

[89] Guill en MF. Business Groupsin Emerging Economies: a Resource-based View [J]. Academy of Management Journal, 2000, 43 (3): 362 - 380.

［90］ Harris M. , Raviv A. A Theory of Board Control and Size [J]. Review of Financial Studies, 2008, 21 (4): 1797 - 1832.

［91］ Hedlund G. A Model of Knowledge Management and the N-form Corporation [J]. Strategic Management Journal, 1994, 15 (S2): 73 - 90.

［92］ Hellman N. Can We Expect Institutional Investors to Improve Corporate Governance? [J]. Scandinavian Journal of Management, 2005, 21 (3): 293 - 327.

［93］ Hermalin BE, Weisbach MS. Endogenously Chosen Boards of Directors and Their Monitoring of the Ceo [J]. American EconomicReview, 1998: 96 - 118.

［94］ Hermalin BE, Weisbach MS. The Effects of Board Composition and Direct Incentives on Firm Performance [J]. Financial Management, 1991: 101 - 112.

［95］ Holderness CG, Sheehan DP. Raiders Or Saviors? the Evidence on Six Controversial Investors [J]. Journal of Financial Economics, 1985 (14): 555 - 579.

［96］ Holderness CG, Sheehan DP. The Role of Majority Shareholders in Publicly Held Corporations: an Exploratory Analysis [J]. Journal of Financial Economics, 1988, 20 (1): 317.

［97］ Hoshi T. , Kashyap A. , Scharfstein D. Corporate Structure, Liquidity, and Investment: Evidence From Japanese Industrial Groups [J]. The Quarterly Journal of Economics, 1991, 106 (1): 33 - 60.

［98］ Hoshi T. , Kashyap A. Corporate Financing and Corporate Governance in Japan: the Road to the Future [J]. Japanese Research in Business History, 2001, (27): 93 - 112.

[99] Hubbard RG, Palia D. A Reexamination of the Conglomerate Merger Wave in the 1960s: an Internal Capital Markets View [J]. Journal of Finance, 1999, 54 (3): 1131-1152.

[100] Jensen MC, Meckling WH. Theory of the Firm: Managerial Behavior, Agency Costs and Ownership Structure [J]. Journal of Financial Economics, 1976 (4): 305-360.

[101] Jensen MC. Agency Costs of Free Cash Flow, Corporate Finance, and Takeovers [J]. American Economic Review, 1986 (2): 323-329.

[102] Jensen MC. Takeovers: Folklore and Science [J]. Harvard Business Review, 1984 (6): 109-121.

[103] Jensen MC. The Modern Industrial Revolution, Exit, and the Failure of Internal Control Systems [J]. The Journal of Finance, 1993, 48 (3): 831-880.

[104] Johanson J., Vahlne J. The Internationalization Process of the Firm-a Model of Knowledge Development and Increasing Foreign Market Commitments [J]. Journal of International Business Studies, 1977: 23-32.

[105] Johnson S., La porta R., Lopez-de-silanes F., et al. Tunneling [J]. The American Economic Review, 2000 (2): 22-27.

[106] Kang J., Shivdasani A. Firm Performance, Corporate Governance, and Top Executive Turnover in Japan [J]. Journal of Financial Economics, 1995, 38 (1): 29-58.

[107] Kaplan SN, Minton BA. Appointments of Outsiders to Japanese Boards: Determinants and Implications for Managers [J]. Journal of Financial Economics, 1994, 36 (2): 225-258.

[108] Kee-hong B., Jun-koo K., Jin-mo K. Tunneling or Val-

ue Added? Evidence From Mergers By Korean Business Groups [J]. Journal of Finance, 2002, 57 (6): 2695 - 2740.

[109] Keister Lisa-A. Chinese business groups [M]. Oxford: Oxford University Press, 2004.

[110] Khanna T., Palepu K. Emerging Market Business Groups, Foreign Investors, and Corporate Governance [J]. Nber Working Paper, 1999 (w6955).

[111] Khanna T., Palepu K. Emerging Market Business Groups, Foreign Investors, and Corporate Governance [Z]. National Bureau of Economic Research, 1999.

[112] Khanna T., Palepu K. Is Group Affiliation Profitable in Emerging Markets? an Analysis of Diversified Indian Business Groups [J]. The Journal of Finance, 2000, 55 (2): 867 - 891.

[113] Khanna T., Palepu K. The Future of Business Groups in Emerging Markets: Long-run Evidence From Chile [J]. Academy of Management Journal, 2000, 43 (3): 268 - 285.

[114] Khanna T., Palepu K. The Right Way to Restructure Conglomerates in Emerging Markets [J]. Harvard Business Review, 1999, 77 (4): 125 - 134.

[115] Khanna T., Palepu K. Why Focused Strategies May Be Wrong for Emerging Markets [J]. Harvard Business Review, 1997, 75 (4): 41 - 51.

[116] Khanna T., Palepu K. Why Focused Strategies May Be Wrong for Emerging Markets. [J]. Harvard Business Review, 1997, 75 (4): 41 - 51.

[117] Khanna T., Rivkin JW. Estimating the Performance Effects of Business Groups in Emerging Markets [J]. Strategic Man-

agement Journal, 2001, 22 (1): 45 - 74.

[118] Khanna T., Yafeh Y. Business Groups and Risk Sharing Around the World [J]. The Journal of Business, 2005, 78 (1): 301 - 340.

[119] Khanna T., Yafeh Y. Business Groups in Emerging Markets: Paragons Or Parasites? [J]. Journal of Economic Literature, 2007, 45 (2): 331 - 372.

[120] Kim H., Hoskisson RE, Wan WP. Power Dependence, Diversification Strategy, and Performance in Keiretsu Member Firms [J]. Strategic Management Journal, 2004, 25 (7): 613 - 636.

[121] Kim J., Li Y., Zhang L. Cfos Versus Ceos: Equity Incentives and Crashes [J]. Journal of Financial Economics, 2011, 101 (3): 713 - 730.

[122] Kitching J. Why Do Mergers Miscarry? [J]. Harvard Business Review, 1967, 45 (6): 84 - 101.

[123] Klein PG. Were the Acquisition Conglomerates Inefficient? [J]. Rand Journal Economics, 2001, 32: 745 - 761.

[124] La porta R., Lopez-de-silanes F., Zamarripa G. Soft Lending and Hard Landing: Related Lending in Mexico [J]. Harvard University, Eua, 2000.

[125] La porta R., Lopez-de-silanes F. Corporate Ownership Around the World [J]. Journal of Finance, 1999 (2): 471.

[126] La Porta R., Lopez - de - silanes F. Corporate Ownership Around the World [J]. Journal of Finance, 1999, 54 (2): 471.

[127] La porta R. Expectations and the Cross-section of Stock Returns [J]. The Journal of Finance, 1996, 51 (5): 1715 - 1742.

[128] Laeven L., Levine R. Complex Ownership Structures

and Corporate Valuations [J]. Review of Financial Studies, 2008, 21 (2): 579 -604.

[129] Lang LH, Stulz RM. Tobin's Q, Corporate Diversification, and Firm Performance [J]. Journal of Political Economy, 1994, 102 (6): 1248.

[130] Larsson R. The Handshake Between Invisible and Visible Hands: Toward a Tripolar Institutional Framework [J]. International Studies of Management & Organization, 1993, 23 (1): 87 -106.

[131] Leff NH. Industrial Organization and Entrepreneurship in the Developing Countries: the Economic Groups [J]. Economic Development and Cultural Change, 1978, 26 (4): 661 -675.

[132] Lehn KM, Patro S., Zhao M. Determinants of the Size and Composition of Us Corporate Boards: 1935 -2000 [J]. Financial Management, 2009, 38 (4): 747 -780.

[133] Lincoln JR, Gerlach ML, Ahmadjian CL. Keiretsu Networks and Corporate Performance in Japan [J]. American Sociological Review, 1996, 61 (1): 67 -88.

[134] Lipton M., Lorsch JW. A Modest Proposal for Improved Corporate Governance [J]. The Business Lawyer, 1992: 59 -77.

[135] Lorsch JW, Zelleke A. Should the Ceo Be the Chairman [J]. Mit Sloan Management Review, 2005, 46 (2): 71 -74.

[136] Maksimovic V., Phillips G., Yang L. Private and Public Merger Waves [J]. The Journal of Finance, 2013, 68 (5): 2177 -2217.

[137] Maksimovic V., Phillips GM. Conglomerate Firms, Internal Capital Markets and the Theory of the Firm [J]. Annual Review of Financial Economics, 2013, 5 (1): 225 -244.

[138] Maloney MT, Mccormick RE, Mitchell ML. Managerial Decision Making and Capital Structure [J]. Journal of Business, 1993: 189 - 217.

[139] Mara F., Larry HPL. The Ultimate Ownership of Western European Corporations [J]. Journal of Financial Economics, 2002, 65 (3): 365.

[140] Marris R. The Economic Theory of Managerial Capitalism [M]: Free Press of Glencoe, 1964.

[141] Mcconnell J., Servaes H. Additional Evidence on Equity Ownership and Corporate Value [J]. Journal of Financial Economics, 1990, 27: 595 - 612.

[142] Mehran H. Executive Compensation Structure, Ownership, and Firm Performance [J]. Journal of Financial Economics, 1995, 38 (2): 163 - 184.

[143] Modigliani F., Miller MH. The Cost of Capital, Corporation Finance and the Theory of Investment [J]. American Economic Review, 1958, 48 (3): 261.

[144] Montgomery CA, Singh H. Diversification Strategy and Systematic Risk [J]. Strategic Management Journal, 1984 (5): 181 - 191.

[145] Morck R., Shleifer A., Vishny RW. Management Ownership and Market Valuation: an Empirical Analysis [J]. Journal of Financial Economics, 1988 (1): 293 - 316.

[146] Morck R., Shleifer A., Vishny RW. Management Ownership and Market Valuation: an Empirical Analysis [J]. Journal of Financial Econmics. 1988, 20 (1): 293 - 316.

[147] Morck R., Wolfenzon D., Yeung B. Corporate Govern-

ance, Economic Entrenchment, and Growth [J]. Journal of Economic Literature, 2005, 43 (3): 655 - 720.

[148] Morck R., Yeung B. Agency Problems in Large Family Business Groups [J]. Entrepreneurship Theory and Practice, 2003, 27 (4): 367 - 382.

[149] Mueller DC. A Theory of Conglomerate Mergers [J]. The Quarterly Journal of Economics, 1969, 83 (4): 643 - 659.

[150] Myers SC, Majluf NS. Corporate Financing and Investment Decisions When Firms Have Information That Investors Do Not Have [J]. Journal of Financial Economics, 1984, 13 (2): 187 - 221.

[151] Nesbitt SL. Long-term Rewards From Shareholder Activism: a Study of the "calpers Effect" [J]. Journal of Applied Corporate Finance, 1994, 6 (4): 75 - 80.

[152] Nohria N., Ghoshal S. Differentiated Fit and Shared Values: Alternatives for Managing Headquarters Subsidiary Relations [J]. Strategic Management Journal, 1994, 15 (6): 491 - 502.

[153] North DN. Institutions, Institutional Change and Economic Performance [M]: Cambridge University Press, 1990.

[154] Oliver W. 专著题名缺失 [M]. New York: Free Press, 1975.

[155] Owen TC. The Corporation Under Russian Law, 1800 - 1917: a Study in Tsarist Economic Policy [M]. New York: Cambridge University Press, 1991.

[156] Pagano M., A. The Choice of Stock Ownership Structure: Agency Costs, Monitoring, and the Decision to Go Public [J]. Quarterly Journal of Economics, 1998 (113): 187 - 226.

[157] Paterson S., Brock DM. The Development of Subsidiary-management Research: Review and Theoretical Analysis [J]. International Business Review, 2002, 11 (2): 139-163.

[158] Pearce JA, Zahra SA. Board Composition From a Strategic Contingency Perspective [J]. Journal of Management Studies, 1992, 29 (4): 411-438.

[159] Pfeffer J. Size and Composition of Corporate Boards of Directors: the Organization and Its Environment [J]. Administrative Science Quarterly, 1972, 19 (13): 218-228.

[160] Porter ME. From Competitive Advantage to Corporate Strategy [J]. Harvard Business Review, 1987, 65 (3): 43-59.

[161] Prezas AP. Internal Capital Markets, Empire Building, and Capital Structure [J]. Journal of Economics and Business, 2009, 61 (3): 173-188.

[162] Raheja CG. Determinants of Board Size and Composition: a Theory of Corporate Boards [J]. Journal of Financial and Quantitative Analysis, 2005, 40 (2): 283-306.

[163] Ramdani D., Witteloostuijn AV. The Impact of Board Independence and Ceo Duality on Firm Performance: a Quantile Regression Analysis for Indonesia, Malaysia, South Korea and Thailand [J]. British Journal of Management, 2010, 21 (3): 607-627.

[164] Ravenscraft DJ, Scherer FM. Mergers, Sell-offs, and Economic Effciency [M]: The Brookings Institution, 1987.

[165] Rhoades SA. Power, empire Building, and Mergers [M]: D. C. Heath & Co, 1983.

[166] Riyanto YE, Toolsema LA. Tunneling and Propping: a Justification for Pyramidal Ownership [J]. Journal of Banking & Fi-

nance, 2008, 32 (10): 2178 –2187.

[167] Ross SA. The Determination of Financial Structure: the Incentive-signalling Approach [J]. The Bell Journal of Economics, 1977: 23 –40.

[168] Rugman AM, Verbeke A. A Note on the Transnational Solution and the Transaction Cost Theory of Multinational Strategic Management [J]. Journal of International Business Studies, 1992: 761 –771.

[169] Rumelt R. Structure, and Economic Performance, (rev. ed)[M]. Boston, Ma: Harvard Business School Press, 1986.

[170] Schwartz-ziv M., Weisbach MS. What Do Boards Really Do? Evidence From Minutes of Board Meetings [J]. Journal of Financial Economics, 2013, 108 (2): 349 –366.

[171] Scott JT. Multimarket Contact and Economic Performance [J]. Review of Economics and Statistics, 1982 (64): 368 –375.

[172] Seo B., Lee K., Wang X. Causes for Changing Performance of the Business Groups in a Transition Economy: Market-level Versus Firm-level Factors in China [J]. Industrial and Corporate Change, 2010, 19 (6): 2041 –2072.

[173] Seung-pyo KIM, Han-soo KANG, Sang-bum KIM. Global Leading Companies' M&As And Successful Strategies of Each M&A Type [R]: Samsung economic research institute, 2010.

[174] Shleifer A., Vishny RW. Large Shareholders and Corporate Control [J]. Journal of Political Economy, 1986 (3): 461.

[175] Shleifer A., Vishny RW. large Shareholders and Control [J]. Journal of Political Economg, 1986, 94 (3): 461.

[176] Shleifer A., Vishny RW. Value Maximization and the

Acquisition Process [J]. Journal of Economic Perspectives, 1988, 2 (1): 7-20.

[177] Simon HA. Models of Man, Social and Rational [M]: Wiley, 1957.

[178] Singh M., Nejadmalayeri A., Mathur I. Performance Impact of Business Group Affiliation: an Analysis of the Diversification-performance Link in a Developing Economy [J]. Journal of Business Research, 2007, 60 (4): 339-347.

[179] Stein J. Internal Capital Markets and the Competition for Corporate Resources [J]. Journal of Finance, 1997, 52 (1): 33-111.

[180] Steiner PO. Mergers: Motives, Effects, Policies [M]: University of Michigan Press, 1975.

[181] Strachan H. Family and Other Business Groups in Economic Development: the Case of Nicaragua [M]: New York, Praeger Press, 1976.

[182] Stulz RM. The Limits of Financial Globalization [J]. The Journal of Finance, 2005, 60 (4): 1595-1638.

[183] Stulz R. Managerial Discretion and Optimal Financing Policies [J]. Journal of Financial Economics, 1990, 26 (1): 3-27.

[184] Titman S., Wessels R. The Determinants of Capital Structure Choice [J]. The Journal of Finance, 1988, 43 (1): 1-19.

[185] Triantis GG. Organizations as Internal Capital Markets: the Legal Boundaries of Firms, Collateral, and Trusts in Commercial and Charitable Enterprises [J]. Harvard Law Review, 2004: 1102-1162.

[186] Vernon R. International investment and international

trade in the product cycle [J]. Quarterly Journal of Economics, 1966 (80): 190 - 207.

[187] Warther VA. Board Effectiveness and Board Dissent: a Model of the Board's Relationship to Management and Shareholders [J]. Journal of Corporate Finance, 1998, 4 (1): 53 - 70.

[188] Wensley R. Pims and Bcg: New Horizons Or False Dawn [J]. Strategic Management Journal, 1982 (3): 147 - 158.

[189] Whittington Richard, Mayer Michael. The European Corporation: Strategy, Structure, and Social Science [M]. Oxford: Oxford University Press, 2000.

[190] Williamson OE. The Economics of Discretionary Behavior [M]: Prentice-hall, 1964.

[191] Williamson O. Markets and Hierarchies: Analysis and Antitrust Implications [M]: The Free Press, 1975.

[192] Wilson and zhenyu wu C., Zhang T., Huang J. The Value of Group Affiliation: Evidence From the 2008 Financial Crisis [J]. International Journal of Managerial Finance, 2013, 9 (4): 332 - 350.

[193] Wolfenzon D., Almeida HV. A Theory of Pyramidal Ownership and Family Business Groups [J]. The Journal of Finance, 2006, 61 (6): 2.

[194] Yermack D. Higher Market Valuation of Companies with a Small Board of Directors [J]. Journal of Financial Economics, 1996, 40 (2): 185 - 211.

[195] Yiu D., Bruton GD, Lu Y. Understanding Business Group Performance in an Emerging Economy: Acquiring Resources and Capabilities in Order to Prosper [J]. Journal of Management

Studies, 2005, 42 (1): 183 -206.

[196] Yoo S., Lee SM. Management Style and Practice of Korean Chaebols [J]. California Management Review, 1987, 29 (4): 95 -110.

[197] Young S., Hood N., Peters E. Multinational Enterprises and Regional Economic Development [J]. Regional Studies, 1994, 28 (7): 657 -677.

[198] Zingales L. The Value of the Voting Right: a Study of the Milan Stock Exchange [J]. The Review of Financial Studies, 1994 (7): 125 -148.

[199] Zwiebel J. Block Investment and Partial Benefitsof Corporate Control [J]. Review of Economic Studies, 1995 (62): 161 -185.